来て GO! 大鉄

～大井川鉄道各駅停車ぶらり旅～

山を抜け、川を渡り
未知なる世界へといざなう

電車は金谷を出発し、徐々に大自然の中へと滑り込んでゆく。窓を開け、大きく息を吸い込むと、体中においしい空気が流れ込む。そんな非日常的な風景の中に身を置くと、すべてから解き放たれる瞬間が訪れる。

主要な駅に降りて有名スポットをめぐる旅もいいけれど、ちょっと無人駅に降りたって周辺を散策するのもいい。なぜって、そこには自分しか知らない新しい発見が待ち受けているから。

素朴な人・風景・産物に出会う旅…

大鉄で復活する電車たち

全国各地で活躍してきた私鉄電車。その役目を終えて引退した電車たちが、大鉄で新たに復活し、SLとともに走っている。まさに列車再生工場がここにある。

C11227系

京阪電気鉄道3000系

近畿日本鉄道16000系

南海電気鉄道21001系　ズームカー

312系　湘南型

DD20型

タイムスリップの旅が始まる…。

－Prologue－
～未知なる大鉄の魅力を求めて～

　大鉄（だいてつ）の愛称で親しまれている大井川鉄道は日本で唯一、毎日SLを運行している路線として全国的に有名だ。また日本一の急勾配を登るアプト式と呼ばれる登山鉄道も広く知られている。その意味で大鉄は、日本で最も有名なローカル線の1つと言えるかもしれない。

　しかし少し視点を変えてみると意外に分からないこと、知られていないこと、不思議に思うことが大鉄には少なくない。たとえば、なぜSLは終点の井川まで行かないのか、アプト式のアプトとは一体何を意味するのか、なぜ金谷行きのSLは後ろ向きで走るのか、あの映画で使われたロケ地はどこなのか、沿線に並ぶタヌキ像には何か意味があるのか、大鉄の恋占いとはどういうものなのか、などなど疑問は尽きない。また、SLが見える露天風呂やキャンプ場はないのか、極上の川根茶が飲めるのはどこか、沿線の名菓には何があるのか、といったエリア情報も気になるところだ。

　そこで起点の金谷から終点の井川まで、大鉄32駅をすべて各駅停車で訪ね、大鉄とその周辺にまつわる事実、雑学、噂話を徹底的に取材してみた。コンセプトは「とにかく歩きまわる」こと。既成概念やイメージにとらわれず、あくまで体当たりで真実をあぶり出そうというのが狙いだ。つまりこの旅は誰もが知っている大鉄の、知られざる魅力を掘り起こす旅なのだ。

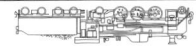

大井川鉄道

CONTENTS

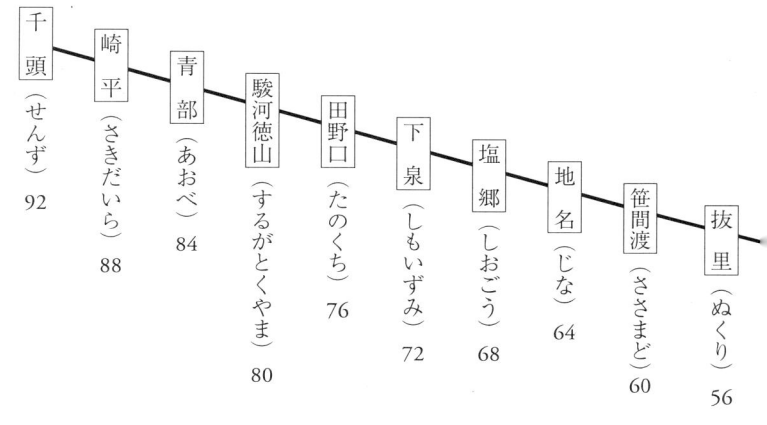

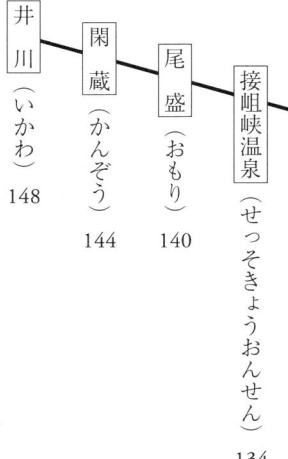

主要駅発車時刻表

大井川鉄道(千頭行き)

	金谷	新金谷	家山	下泉	駿河徳山	千頭
	6:15	6:20	6:52	7:10	7:19	7:29
	7:00	7:04	7:29	7:46	7:56	8:05
	7:32	7:37	8:05	8:23	8:33	8:43
	7:48	7:51				
	8:10	8:15	8:41	8:58	9:09	9:19
	8:47	8:51	9:16	9:35	9:44	9:54
	9:13	9:17	9:39	9:55	10:04	10:11
	9:45	9:49	10:17	10:35	10:44	10:54
※SL急行	10:00	10:06	10:34	10:53	11:05	11:17
	10:23	10:30	10:55	11:16	11:25	11:35
	10:53	10:56				
	11:27	11:31	11:57	12:16	12:26	12:35
●SL急行	11:50	11:56	12:24	12:44	12:55	13:07
	12:08	12:11				
	12:30	12:35	13:01	13:20	13:31	13:40
※SL急行	12:45	12:52	13:23	13:44	13:58	14:09
	13:00	13:03				
	13:20	13:24	13:48	14:07	14:16	14:26
	14:00	14:04	14:28	14:48	15:01	15:10
	15:06	15:10	15:35	15:53	16:04	16:13
	16:00	16:05	16:33	16:51	17:02	17:12
	16:40	16:44	17:10	17:30	17:39	17:49
	17:13	17:20	17:48	18:06	18:15	18:25
	17:49	17:57	18:23	18:41	18:50	19:00
	18:30	18:34	18:59	19:17	19:26	19:36
	18:46	18:49				
	19:28	19:32	19:57	20:17	20:26	20:36
	20:15	20:19	20:44	21:01	21:11	21:20
	21:00	21:04	21:28	21:46	21:55	22:05

大井川鉄道（金谷行き）

	千頭	駿河徳山	下泉	家山	新金谷	金谷
					6:05	6:08
	5:45	5:54	6:05	6:22	6:45	6:49
	6:15	6:24	6:34	6:52	7:16	7:20
	6:35	6:45	6:55	7:13	7:37	7:41
					8:00	8:03
	7:10	7:20	7:30	7:50	8:14	8:17
	7:45	7:56	8:06	8:25	8:51	8:54
	8:22	8:32	8:43	9:01	9:28	9:32
	9:00	9:10	9:20	9:38	10:06	10:10
	9:35	9:45	9:56	10:16	10:42	10:45
	10:18	10:26	10:37	10:55	11:16	11:19
	10:55	11:05	11:15	11:33	11:57	12:01
					12:20	12:23
	11:40	11:51	12:01	12:24	12:50	12:54
					13:10	13:13
	12:45	12:56	13:06	13:24	13:48	13:52
※SL急行	13:20	13:31	13:43	14:11	14:40	14:45
	13:47	13:57	14:09	14:30	14:55	14:59
	14:28	14:36	14:46	15:00	15:20	15:24
●SL急行	14:50	15:01	15:13	15:35	16:04	16:09
	15:15	15:25	15:35	15:56	16:20	16:24
※SL急行	15:30	15:41	15:53	16:16	16:44	16:49
					17:02	17:05
	16:15	16:24	16:35	16:53	17:17	17:21
	16:52	17:02	17:12	17:30	17:53	17:57
	17:30	17:40	17:50	18:08	18:34	18:37
	18:05	18:15	18:25	18:44	19:07	19:11
	18:40	18:50	19:01	19:20	19:44	19:48
	19:42	19:52	20:02	20:20	20:44	20:48

1.上記の時刻表は、平成14年4月1日現在のものです。
2.井川線は季節により変則的なため、詳しくは大井川鉄道（株）
鉄道サービスセンター（0547-45-4112）までお問い合わせ下さい。
3.SL急行は、上記の駅以外には停車しませんのでご注意下さい。
4.●印=毎日運行されているSL　※印=運行日が限られているSL

佐野正佳の

これでばっちり！身支度リスト

★服装について
大鉄の駅周辺をそぞろ歩きする程度なら服装は特に問わない。が！　本書とまったく同じ旅をするつもりならハイキングに行くような服装をしていく方がいい

★帽子
日光を避けるだけでなく、山道を歩く時、枝などから頭や目を守るためにも好都合

★手袋（軍手みたいなもの）
冬期の防寒だけでなく、山道を歩く時にも何かと便利

★ウォーキングシューズ
マスト（必須）アイテム。山歩きもするならトレッキングシューズがベスト

★リュックサック
カメラや双眼鏡など携行品が多い時に必要
★地図
マストではないが、持っていた方が立体的な旅になる
★この本
マストアイテム！
★飲み物
水筒または飲料の中身はお好みで。私は水を携行
★虫よけスプレー
夏期は重宝
★コンパクトな救急用品
持っていた方が安心
★雨合羽
ヤッケ程度のものでもあると便利
★腕時計
駅の発着時だけでなく、列車の渡橋シーンなどを待ち受ける時にも時刻表と合わせて大活躍
★小銭
無人駅での乗降の時に必要
★ポケットティッシュやタオル
汗をぬぐうために使う
★カメラ
任意。私はAF機能付きの一眼レフに24〜85mmのズームレンズ（一部で100〜300mm）を使用
★双眼鏡
持っていた方が断然楽しめる。私は10〜30倍のズーム式を使用
★録音できる機器
任意だが、騙されたと思って一度何かを録音してみよう。後で聞くと生半可な写真より映像的だったりする。私は小型MDレコーダーを使用
★着替え
温泉に入るなら必須
★携帯灰皿
喫煙者は必携
★その他、私が携行したもの
取材用の筆記用具、観光マップ、マグライト（懐中電灯）、携帯電話、スイスアーミーナイフ、サングラス、食料、ゴミ袋、文庫本

金《かな》谷《や》

新金谷 ◀

2.3km
150円

いよいよ時間旅行のはじまり

●味のある始発の駅舎に心踊る

初めて大鉄に乗る人は金谷駅に到着すれば、すぐそこにSLの車庫があって、「いきなり撮影スポットだ！」と盛り上がるかもしれない。しかし、実際に車庫があるのは次の駅の新金谷。大鉄金谷駅には小さな駅舎と1本のプラットホームしかない。それでもこぢんまりした切符売り場や待ち合い室はこれから始まる郷愁の旅を予感させるし、駅舎前にある記念品のメダル販売機なども古き良き時代を連想させる。

金谷発の大鉄は平均して1時間に2～3本。だから無計画に来てもそれほど待たされることはないだろう。ただしSLや特定の電車が目当ての場合は、あらかじめダイヤを確認しておこう。ちなみにSLの運行は上下線合わせて1日に2～4本だ(季節によって変動あり。本書では、上り線=金谷行・下り線=千頭行という形で記載しています。以下同じ)。

JR線のすぐ脇にある大鉄の始発駅

●旧東海道の石畳を歩く

石畳街道の始点

東に大井川をのぞみ、西に金谷峠をひかえる金谷は、自然のタイムカプセルともいえる町で、芭蕉の句碑、武田家ゆかりの諏訪原城跡、古民家の町並みなど、町内のそこここで歴史のにおいを感じ取ることができる。そしてそのシンボル的な存在が旧東海道の石畳だ。

石畳へのルートは金谷駅前のガイドマップに記されている。道のりは約６００メートル。しかしこの６００メートルが侮れない。アクセスとなる道は舗装こそされているもののかなり急な上り坂で、前のめりに歩かないと足が前に出ない。しかもそれがずっとダラダラと続く。せめてものなぐさめは沿道に建ち並ぶ古民家の風情や緑豊かな山の景観だが、体力的にきついことに変わりない。が、どうにか10分少々で石畳街道の入り口に出る。

弾む息を整えてから石畳へ進入。石畳は想像以上に凹凸が激しく、見るからに歩きにくそうだが、実際に歩いてみるとやっぱり歩きにくい。これは一つひとつの石に周辺の山石を使っているからだ。ところが１００メートルくらい上ったところでふと気づく。ひょっとしてこれだけ勾配のきつい山道ではデコボコがあった方が歩きやすいのでは。特に路面が滑りやすくなる降雨時はそうだろう。ちょっと大袈裟に言えばデコボコを階段のように歩けるし…。だとすれば実に理にかなってる、とさまざまな思いが頭の中を交錯する。

ちなみに現存する石畳は、その大半が平成3年に復元されたもので総延長は430メートル。決して長いとはいえないが江戸時代の気配に触れ、先人たちの健脚ぶりを思い知らされるには十分な距離だ。なお石畳の先には武田信玄が砦を築き、武田勝頼が修築した諏訪原城跡がある。

さて石畳を引き返す。すると石畳の入り口脇に石畳茶屋という休憩所がある。既にかなりの体力を消費しているので、一瞬の逡巡もなく立ち寄る。ここには喫茶室や売店のほかに金谷町の歴史を学べるミュージアムもある。「歴史を学べる」と書いてしまったが、実際はそれほど堅苦しいものではなく、たとえば江戸時代の大井川の渡し料金が1人約100~220文（1文は現在の換算で約15~20円）だったとか、江戸から京都までの道のりを旅人は平均して13泊14日の旅程で踏破したとか、旅籠の料金が1人1泊100~300文程度だった等々、かなり雑学的に楽しめる。で、それによると大井川は箱根、今切（新居）と並ぶ東海道の三難所として有名だが、金谷から日坂（金谷の次の宿場町）に抜ける峠道も旅人を悩ませる難所の一つに数えられていたらしい。なるほど、それを聞いて安心した。やっぱり昔の人にとってもあの急坂は尋常じゃなかったのだ。

●お茶のすべてを知る

石畳茶屋から金谷駅方面に引き返すと、すぐに国道473号線に出る。そこを右に折れてひたすら上って行くと1キロちょっとで「お茶の郷」という博物館がある。ここは金谷茶を内外にアピールするために設けら

無料で見学できる「お茶の郷」の庭園

国道473号線から見た大井川と金谷町

れた体験型ミュージアムで、博物館、茶室、庭園、レストラン、売店、ライブラリーなどが集まってできている。「お茶の郷」という古風なネーミングからは想像できないほど近代的かつ巨大な施設で、世界中のお茶に関する情報がぎっしり詰まっている。ハイライトは小堀遠州の茶室を復元した一画で、その凛とした佇まい、意匠をこらした美しさは必見。また月替わりで催される「世界のお茶シリーズ」も大人気だ。

難しいことはいい。とにかくおいしいお茶を飲みたい！という人も「お茶の郷」は温かく迎えてくれる。たとえば館内では国内外のさまざまなお茶を試飲することができるし、最近話題になっている日本茶インストラクターと紅茶インストラクターがおいしいお茶のいれ方を教えてくれる。「今さらお茶のいれ方なんて…」と思うかもしれないが、これが飲んでびっくり、知って納得の内容で、やはりお茶というのはなかなか奥が深いのだ。

さて、「お茶の郷」まで来たなら、その裏手にある牧ノ原公園にも行ってみよう。牧ノ原台地のてっぺんに位置するこの公園は金谷の町を眺望できるスポットとして有名で、特に夜景の素晴らしさは格別だ。週末の夜ともなれば浜松の方からわざわざやってくるカップルも多いとか。もちろん昼間でも十分に見晴らしが良く、運が良ければ大地を切り裂くように走るSLの勇姿を見ることができる。

新《しん》金《かな》谷《や》

代官町 ◀ ▶ 金谷

1.5km 150円　　2.3km 150円

ノスタルジックなスポットがいっぱい

●絶好の被写体の木造車庫

いよいよ大鉄に乗り込む。金谷から新金谷への乗車時間は約4分。なんだか短いような気もするが大鉄千頭線（金谷―千頭）の中では長い方。つまり千頭線の各駅間の平均乗車時間は約3分、距離にして2キロ程度で、それだけ各駅は接近しているのだ。さて、この区間の見どころは進行方向左手に見えてくる車庫。古めかしい木造の車庫はそれだけでも十分に見ごたえがあるが、そこに格納されている車両にも深い味わいがあり、トータルとしてとても絵になる。だから思わずカメラを構えてしまうが、慌てなくても大丈夫。車庫に収まる列車の勇姿は、新金谷のホームからでもしっかり見える。

新金谷はＳＬの乗降駅として知られている。もちろん金谷からでもＳＬに乗車できるが、SL乗客のほとんどが新金谷を利用する。これは駅のすぐ近くに専用の駐車場があり、観光客の大半が車で新金谷まで来るからだ。ちなみに駐車料金は普通車で1日５００円。一方、ＪＲで金谷まで来て、金谷から新金谷を大鉄の普通電車で移動し、新金谷でＳＬに乗り換えるパターンもある。「だったら最初から金谷でＳＬに乗ればいいのに」と思うかもしれないが、これには訳がある。それは新金谷駅前に「プラザロコ」という博物館があるから。つまり新金谷で一旦下車し、「プラザロコ」を見学しながらＳＬを待つというのが１つのスタイルに

プラザロコにあるSLいずも号と昔の客車

なっている。で、このスタイルを可能にしているのが「ＳＬの切符を持っていれば新金谷での一旦下車はＯＫ」という大鉄の粋なはからい。なかなか芸が細かいのだ。

●見れば見るほどおもしろい

「プラザロコ」を見てみよう。プラザは広場、ロコはLocomotive＝機関車のロコだから直訳すると機関車広場ということになるのだが、まさにその通りの内容。一番の人気者はＳＬで、ドイツのコッペル製ＳＬ１２７５号とＳＬいずも号の２台がある。ともにミニＳＬと呼ばれるカテゴリーに属すが、実物は想像以上に大きく威厳すら漂わせている。さらに驚くのはどちらも走行可能ということ。単なる見世物ではなく、動く状態でしっかり保存されている点に大鉄の思いやりを感じる。ひょっとしたら大鉄にとって機関車は機械を超えた存在であり、ある種の生命体として、そして自分たちの同僚であると位置づけているのかもしれない。

ＳＬの隣にある客車も趣き深い。油が染み込んだ床の匂い、光沢のあるビロード地の座席、歴史を感じる木枠の窓、そのどれもが懐かしさを誘う。またその横にある昔の駅舎を再現した一角もおもしろい。駅員に人気アニメの人形を起用しているのはともかく、駅員室の中の備品や待ち合い室の調度は見るに値する。さらに心を奪われたのは駅舎内に貼られた昔のポスター群。中でも「東海道のマイアミ・相良海水浴場」のキャッチコピーにはノックアウトされた。

この手のミュージアムはともすると「流し見」してしまうが、「プラザロコ」に関しては細部まできちんと見ることをすすめたい。意外なところに発見があり、感動があり、驚きがあり、笑いがあるからだ。また

水泳帽に時代を感じる昔のポスター

「プラザロコ」には喫茶コーナー、休憩広場、売店、切符売り場があり、さらに大井川の歴史をテーマにした川越し資料館も併設されているので乗車時刻までの時間をもてあそぶことはないだろう。

●映画の中のワンシーン

駅舎を出て県道381号線方面に歩いて行くとすぐにT字路にぶつかる。その左角に「かんとん屋」というおでん屋があるのだが、ここはちょっとした推奨スポットだ。まずおでんの値段にびっくり。なんと今どき1本35円。玉子でさえ1本50円で、これはいわゆる「静岡おでん」の一般的な市価の半額だ。

飲み物のラインナップもいい。おすすめは「みかん水」100円。島田にある木村飲料という会社がつくっている清涼ドリンクだが、その素朴にしてナチュラルな風味には郷愁を誘う懐かしさがある。さらに店内の雰囲気、テーブルやちゃぶ台などの調度も古き良き昭和を思わせ、なんとも居心地がいい。そんな所でおでんを頬ばりながら新金谷駅を出発するSLの汽笛を聞くと、もうこれ

地元の中高生御用達ドリンク清涼飲料水

は完全に映画のワンシーンだ。

「かんとん屋」は40年前からこの地でおでん屋を営んでいて、常に子どもでも気軽に食べられる価格設定を貫いている。その甲斐あって今も地元の小学生、中学生、高校生たちの集いの場になっているという。

「かんとん屋」のあるT字路を右折し、大鉄の線路をまたぎ、さらに50メートルほど行って右折し、しばらく道なりに進むと「宅円庵」という小さな寺がある。ここには「盗みはすれど非道はせず」と言われた江戸時代の大泥棒、日本左衛門の首塚がある。日本左衛門は義賊として庶民から慕われ、その後、歌舞伎の白波五人男の日本駄右衛門のモデルにもなった人物。墓自体は新金谷駅の裏手にひっそりと佇んでいるが、今でも地元の人たちが花をたむけるなど、その人気ぶりは色あせていない。ちなみに「宅円庵」への行き方は新金谷駅前のガイドマップにも記されている。

日本左衛門の首塚

郷愁と歴史の旅もいいが食の旅もまた楽しい。で、次に向かったのはラーメン屋。新金谷にはテレビなどで有名なS氏（ヒント＝私と同じ名前）の直弟子の店、支那そばや「華宴（かえん）」がある。場所は新金谷から県道３８１号線に出て大井川方面に歩いて数分。右手にS氏の写真が大きく掲げてあるからすぐ分かるはず。ここは開店前から店の前に行列ができるほどの人気を誇り、スープがなくなり次第閉店してしまう。味はややあっさり系のしょうゆ味だが、こだわりにこだわり抜いた風味はさすがに深い。麺やチャーシューも当然自家製。頑固な職人が精魂込めてつくり上げた逸品は驚くほど上品でなめらかな味わいだ。

代《だい》官《かん》町《ちょう》

日切 ◀ ▶ 新金谷

0.5km 150円　　1.5km 150円

金谷町の行政エリア

待合い室とトイレしかない駅舎

●はじめての無人駅

新金谷から列車に揺られること2分で代官町に到着する。しかしあるのは1本のプラットホームだけ。一応駅舎とおぼしき建物はあるものの、正直言って小屋といった感じ。そう、代官町は無人駅なのだ。しかもここから無人駅が6駅も続く。無人と聞いてまず思うのは「切符はどうするのか」ということだが、これはバスのワンマンカーをイメージすればいい。つまり乗車する時は車両の入り口で整理券を受け取り、降りる時は整理券とともに該当する金額を料金箱へ投入すればいい。唯一注意しなければならないのは列車の乗車口で、指定する場所からきちんと乗り込まないと整理券を受け取ることができない。では整理券を取り損ねるとどうなるか。それは言わずと知れた大鉄則で、最悪の場合は始発からの料金を請求されるので気をつけよう。ちなみに有人駅では通常通り改札で切符をやり取りする。

代官町の駅は大鉄の中ではかなり

新しい方で、建てられたのは昭和40年。無人駅だから当然駅員室はなく、

住宅地を背にして建つ駅

あるのは待ち合い室とトイレだけ。大鉄に乗ってくれば駅舎を見落とすことはないが、車などで行く場合はほとんどの人が一旦は行き過ぎてしまうだろう。それだけ駅舎、プラットホームともに目立たない存在なのだが、この代官町を見つけられれば、これ以降の無人駅も割合探しやすい。言い換えれば大鉄の駅を車で訪ね回る時は「まさかこんな所に」という場所を探せばいい。

●代官町の名の由来

駅を出て周囲を見回しても目につくものは少ない。しかし駅から国道473号に出て左方向へ進むと、すぐに金谷町の行政エリアが見えてくる。ここは町役場、郵便局、防災センター、保険センターなどが集中している、いわば金谷町の心臓部だ。代官町という名前から想像するに昔からこの周辺には町の行政施設が集まっていたのだろうか。

町役場には商工観光課という部署があり、そこでは金谷町にある観光スポットのパンフレットがもらえ

乗車口を示す看板

町の行政を司る金谷町役場

る。私も取材に関する資料をどっさり入手したが、代官町の名の由来についてはどうも釈然としない。はっきりしているのは「東海道の金谷宿から外れているこの地に代官屋敷があったとは考えにくい」という役場の見解だ。つまり本当のところは誰にも分からない。念のために書いておくと、金谷町の商工観光課には町の歴史や文化に関する膨大な資料があり、職員の知識量も相当なレベルだが、それでも分からないのだ。少なくとも「代官町だから代官屋敷」というような短絡的な由来ではないらしい。

ただ歴史というのは意外性だらけで、たとえば江戸時代のある時期、この界隈の東海道が本流から大きく外れていたことがある。俗に「11年東海道」と呼ばれるもので、慶長9年（1604年）の大井川の氾濫によって島田宿が流され、やむなく東海道を11年間だけ山側へ迂回させたという。そしてその11年東海道が通っていたのが現在の代官町から北へ1キロほど行った五和（ごか）あたりで、近くに新宿（しんしゅく）という地名も残っている。とするとやっぱり代官町には代官所があったのではという仮説が私の中に浮上してくるが、街道の具体的な位置は特定できていなくて結局また袋小路に入り込んでしまう。さらに専門家の意見によると11年東海道と代官町の名の由来は直接関係ないらしい。要するに歴史というのは妙に詳しく分かっているところと、不思議と全然分からないことが混ぜこぜになっているのだ。というわけで代官町への詮索は打ち切りにして次へ進む。

井川からの距離・料金表

km	井川	円
5	閑蔵	250
7.7	尾盛	400
10	接岨峡温泉	500
11.6	奥大井湖上	600
12.9	ひらんだ	640
14.1	長島ダム	740
15.6	アプトいちしろ	790
18	奥泉	890
19.7	川根小山	990
21.6	土本	1090
23.1	沢間	1190
24.4	川根両国	1240
25.5	千頭	1280
27.8	崎平	1430
28.9	青部	1470
30.9	駿河徳山	1560
34	田野口	1690
37.5	下泉	1830
40.6	塩郷	2010
42.1	地名	2050
45	笹間渡	2190
46.2	抜里	2240
47.9	家山	2330
50.2	大和田	2420
52.7	福用	2550
55.2	神尾	2640
60	五和	2870
60.7	日切	2910
61.2	代官町	2910
62.7	新金谷	3000
65	金谷	3090

金谷からの距離・料金表

km	金谷	円
2.3	新金谷	150
3.8	代官町	190
4.3	日切	230
5	五和	230
9.8	神尾	460
12.3	福用	590
14.8	大和田	680
17.1	家山	820
18.8	抜里	860
20	笹間渡	910
22.9	地名	1050
24.4	塩郷	1140
27.5	下泉	1270
31	田野口	1410
34.1	駿河徳山	1590
36.1	青部	1680
37.2	崎平	1720
39.5	千頭	1810
40.6	川根両国	1960
41.9	沢間	1960
43.4	土本	2010
45.3	川根小山	2110
47	奥泉	2210
49.4	アプトいちしろ	2310
50.9	長島ダム	2410
52.1	ひらんだ	2450
53.4	奥大井湖上	2500
55	接岨峡温泉	2600
57.3	尾盛	2700
60	閑蔵	2850
65	井川	3090

※この表は、平成９年４月１日に改定されたものです。
変更のある場合はご了承ください。

ひ　ぎり
日切《ひぎり》

五和 ◀ ▶ 代官町

0.7km　150円　　0.5km　150円

願いを叶える「おひぎりさん」

●全国的に名高い日限地蔵尊

代官町から2分弱で日切駅に到着。ここもまた無人駅だ。駅舎はあるにはあるが、ないと言ってもそれほど外れていない。あえて言うならバスの停留所のような感じ。しかし侮ってはいけない。ここ日切駅は意外に乗降客が多いのだ。その理由は駅の東方約300メートルに建つ日限地蔵尊の存在。地元の人が「おひぎりさん」と慕っているお地蔵さんだ。日限地蔵尊は、明治初期に開山の祖、日正上人が金谷大代川の支流童子沢（わっぱざわ）の天然石に地蔵菩薩を刻んだのがはじまりで、以後、諸願成就の霊験に富むと言われている。特に日を限って願いを立てると想いが叶うとされ、その噂を聞きつけて県下全域はおろか、東京や大阪などからやって来る人も少なくない。願い事は心願成就、厄難消除、

駅の入り口

平日でも参拝者が絶えない日限地蔵尊

家内安全、交通安全、病気平癒、良縁祈願、子授祈願など幅広く受け入れてくれるが、ことさら進学関係の願いを立てる人が多いらしい。毎月26日に行われる縁日、そして毎年8月26日に催される大祭はかなりの人出になるが、まったく普通の平日でも参拝者が絶えることはない。現に今回訪れたのは水曜日の午後2時というかなり中途半端な時間帯だったが、それでも次から次へと老若男女が現れてはお堂の前で手を合わせていた。しかも社務所の人に聞いてみると「今日の人出はかなり少ない方」と言う。いやはやすごい人気だ。

日限地蔵尊への行き方は日切駅を出たら、その道をただひたすら東へ進むだけ。所要時間は約5分。また金谷駅からバスで向かうと約10分で地蔵尊の前に着く。

●食べてびっくりメキシコ寿司

日限地蔵尊の参拝者に「日切駅界隈のおすすめスポットはどこか？」と突撃取材を試みたところ、断トツの票を集めた店があった。それはメキシコ寿司で有名な「寿し宗」だ。果たしてメキシコ寿司とはなんなのか。やや不安な気持ちもないではなかったが、地元の人から厚い信頼を得ているなら行ってみるしかない。

「寿し宗」は日切駅の北約100メートルのところにある。比較的大きな店なので車で国道473号線を金谷方面から走ってきてもすぐに分かるだろう。のれんをかき分け店内に入り、事情を話すと社長の佐次本英人さんが快く取材に応じてくれた。

佐次本さんは先代である父親とともにメキシコに渡り、そこでメキシコ人の味覚に合う寿司づくりに成功した経験をもつ。やがて日本に戻り、メキシコの寿司を逆輸入したのが現在のメキシコ寿司のはじまりだ。

寿し宗には活魚水槽があるからネタは新鮮！

　で、気になる内容は「アボカド巻き」、牛肉を軽くあぶった「カルネ」、海老にマヨネーズと唐辛子をまぶした「カマロン」、ピーマンを炒めて巻いた「チレ巻き」の4種類で１人前１２００円。今でこそこの手の変わり寿司は珍しくないが、佐次本さんの話を総合すると「カリフォルニア巻き」として知られるアボカドの寿司も「寿し宗」が元祖だ。さて肝心の味はいかに。これは食べてびっくり。そのうまさもそうだが、とにかく寿司としてまったく違和感がないのに驚かされる。つまり熟成され、完成された味なのだ。またネタの新鮮さを自負するだけあって、たとえばアボカドや牛肉などもクセが一切なく、まるで脂ののった上質なマグロのよう。この驚きはまさに筆舌に尽くしがたい。このほかにも「寿し宗」のメニューにはタコスやカルパッチョなどのメキシコ料理が並び、もちろん普通の寿司もある。だからこの店は若者から高齢者まで幅広い客層に支持されている。

　それにしても「寿し宗」は来て良かった。一時はメキシコ寿司というネーミングに躊躇してしまったが、何事もイメージだけで語るのはいけない。これも日限地蔵が引き合わせてくれた縁だろうか。だとしたら日限地蔵おそるべし。

ちょいと立ち寄りコラム

〈大井川鉄道の歴史〉

きっかけは大正12年の関東大震災。壊滅的な家屋の倒壊などで国内の木材需要が急激に高まり、静岡県の林業は飛躍的に発展した。しかし製材能力が高まるにしたがって奥大井から切り出した木材の輸送が間に合わず、県下林業の将来はその輸送力をどう増大させるかにかかってきた。そこで静岡に本社を持つ駿府鉄道が東海道線の島田駅から大井川東岸に蒸気鉄道を敷こうと考える。ところが対岸の金谷町の有力者らが「それなら大井川の西岸だ」と待ったをかけた。しばらく両者の間で「東だ」、「西だ」という綱引きが続くが、結局、西岸派の金谷町の意見が実って大正14年に大井川鐵道株式会社が創立された。初代の社長は榛原郡吉田町の実業家、中村円一郎だ。

第一期工事の金谷―横岡間は昭和2年に開通。さらに家山、下泉と工事が進み、金谷―千頭間の39・5キロが全線開通したのは昭和6年だ。

一方、千頭から井川に通じる現在の井川線は中部電力が昭和27年に敷いたダム建設用の専用軌道が前身で、その後、井川ダムの建設終了を機に大井川鉄道に移管され、昭和34年に一般鉄道となった。つまり大鉄は木材輸送と電力確保という日本の国力増強、高度成長の担い手だったのだ。

さて、蒸気鉄道としてスタートした大鉄だが、昭和24年に転機を迎える。それは全線の電化だ。これによってSLは電気機関車にとって代わられ昭和26年にはそれまで貨物中心だった大鉄に客車専用の電車まで登場する。

ところがその25年後、大鉄は再び転機を迎える。SLの復活だ。これは伸び悩む観光客を見込んだものだったが、それがきっかけとなって大鉄はSLに関する様々なノウハウを手にする。その結果、日本各地からSLの動体保存の依頼が相次ぎ、現在では全国レベルで「SLと言えば大鉄」、「大鉄と言えばSL」と称されるようになったのだ。

現在、SLを毎日運行しているのは日本で大鉄だけだ。

五《ご》和《か》

神尾 ◀ ▶ 日切

4.8km 230円 / 0.7km 150円

ブレークなるか志戸呂焼

無人駅なのに常に清潔に保たれている

●これぞ無人駅舎の趣き

代官町を過ぎたあたりから大鉄はしばらく国道473号線と平行して走る。だから五和駅も国道沿いにある。日切からの距離は700メートル、所要時間は2分足らず。この駅も無人駅の一つだが、代官町や日切の駅舎とは明らかに趣きが異なり、昭和初期に建てられた古民家風のたたずまいを見せている。今は閉ざされている駅員室も往時の面影を残し、木枠のガラス戸や古い改札窓口が深い感銘を与えてくれる。駅舎の裏手にまわると昔懐かしい厠（かわや＝便所）もある。五和から先の無人駅はだいたいこのような形態をとっているが、金谷からひと駅ずつ旅してきた者にとってはやはり趣き深い。駅の西側はすぐ国道、東側はまったくの住宅街なので、ともすると周辺から浮いたような存在になっているが、この手の文化遺産はしっかり残したいものだ。

●素朴ながら風格ある志戸呂焼

さて五和と言えば見どころは志戸呂焼だろう。志戸呂焼は12世紀前半頃（平安時代）からこの地で焼かれていた山茶碗が起源で、その後室町時代に尾張瀬戸の陶工たちが良質な土を求めて五和周辺の丘陵地へ移住してきたことで発展した焼き物だ。

遠州志戸呂利陶窯の作品

江戸時代には将軍家の茶道指南として活躍した小堀遠州らの力添えで茶器の名窯と称され、今もその歴史は受け継がれている。志戸呂焼の最大の特徴は鉄分の多い土にあり、茶褐色の素朴な地肌がトレードマーク。また堅焼きの特徴から湿気を嫌う茶壷にも最適と言われている。

志戸呂は「しとろ」と読むが、本来は「しどろ」と濁音が入るらしい。これは陶器の命である土、つまり泥を意味するからだ。現在、五和周辺には6軒の窯元があり、それぞれが伝統を重んじながら新しい志戸呂焼の時代を切り開こうとしている。備前、信楽、有田などの有名どころと比較しても、まったく見劣りしない、風格と歴史をもっているだけに今後の全国レベルでの発展に期待したい。

●登り窯を見にいく

さて実際の志戸呂焼を見にいこう。今回訪れたのは昔ながらの登り窯で焼いている「遠州志戸呂利陶窯」というところだ。場所は五和駅から国道４７３号線を１.５キロほど北上した右側で、白い大きな看板があるからすぐに分かる。ここの魅力はなんといっても登り窯だが、窯元の本多昌子さんによると登り窯で焼くのは本当に大変らしい。一度窯に火を入れたら50時間は不眠不休の状態になるし、薪の手配もあれこれとで面倒だからだ。しかし焼いている間に器が灰をかぶることによって生まれる独特な風合いはガス窯では出ないもので、それゆえに一切手は抜けない。陶芸というと静謐なイメージがあるが、実際はとてもタフな仕事なのだ。

登り窯をひと通り眺めた後に工房を訪ねる。

年に数回しか焼くことができない登り窯では一度に700から800もの作品を用意する必要があるため、工房には「焼き」を待つ陶器がズラリと並んでいる。作業場は外光が射し込む明るい雰囲気だが、どこか空気が張りつめていて少し緊張してしまう。しかし物腰がとてもやわらかい本多さんと接していると徐々にこちらの気持ちも和んでくる。実は本多さんは既に他界してしまった先代、本多利陶さんの奥さんで、今は志戸呂焼と縁が深い茶道、遠州流の普及に努めている。したがって現在は利陶さんのお弟子さんが先代の遺志を受け継ぎながら製作にあたっている。

ギャラリーは工房の反対側にある。素朴で力強い色調は備前や信楽と似ているが、重厚でありながら優美な姿形は志戸呂焼独特のものだ。利陶窯の作品は茶陶器が主体だが、中には一輪挿しなどの花器もあり、価格は意外に手頃。茶器、茶道、陶器などに興味がある人は一度のぞいてみよう。

●童子沢（わっぱざわ）親水公園

深遠な陶器の世界に触れた後は、のびのびと公園でリラックス。というわけで童子沢親水公園へ向かう。ここは文字どおり沢遊びができる公園として町民から親しまれているが、五和駅からは3キロ強とちょっと遠い。だからほとんどの人が車で出かけるようだが、途中の景色もい

次々と作品を生み出す登り窯

い感じなので体力に自信がある人は歩いて向かっても楽しめるだろう。アクセスは五和駅のすぐ脇からのびる県道81号線をひたすら西へ進むだけ。沿道に広がる茶畑と民家は心の清涼ドリンクといったところだ。

さて、童子沢という名前には何やらいわくがありそうだが、まさにその通り。伝説はこうだ。昔、野守（のもり）太夫という女性が川根の池で修行をする夢窓国師を慕い求めて旅をするが、途中で高い山に阻まれて立ち往生。すると太夫は鯉に変身して川を上り、やがて身を翻して川根の池へ飛んでいった。その野守太夫が鯉に変身する前、この地で赤子を産み、その子を村人に託すのだが、村人が子どもを近くの沢で遊ばせたところ、とても逞しく育ったという。以来、この沢で水遊びをする子どもは病気にかかることもなく、健やかに成長すると語り継がれている。この伝説を知ってか知らずか、週末や夏休みともなると童子沢親水公園は子ども連れでにぎわいを見せる。公園自体は沢に沿って長細い形をしているが、総合的に敷地はかなり広く、キャンプやバーベキューをするスペースもある。また公園の入り口付近にはグラウンドゴルフ場があり、そこはそこで熟年者の社交場として大いに盛り上がっている。

休日には家族連れでにぎわう童子沢親水公園

神《かみ》尾《お》

福用 ◀ ▶ 五和

2.5km 150円

4.8km 230円

いよいよ大井川と併走

●旅愁にあふれた撮影スポット

五和駅を出て数分、いよいよ大鉄はその母ともいえる大井川を右に見ながら走ることになる。と、同時に左側の車窓には切り立った山が迫り出し、気分はいきなり孤高の旅人だ。神尾までの乗車時間は約7分、走行距離も4.8キロと千頭線内では最長。これはこの区間に地蔵峠があり、あまり人が住んでいないからだが、それは神尾に着けばすぐに実感できる。

神尾には1本のプラットホームと小さな駅舎しかないが、その雰囲気はこれまでの無人駅と明らかに異なる。後ろに山深い地蔵峠を背負い、眼下に大井川の滔々（とうとう）とした流れを臨む神尾駅には人間の生活を拒むような険しさと気高さがあり、長い間風雨にさらされてきた駅舎とホームは黒茶色に染まりながら重厚な気配を漂わせている。さらに駅の100メートルほど先には峠を貫く石造りのトンネルが暗い口を開

駅舎。遠くにホームが見える

け、駅全体をより一層孤立させている。だからはじめてこの駅に降り立った人は、ある種の寂りょう感を覚えるだろう。ましてそれが夕暮れ時だったりすると、寂しさと旅愁が混ぜこぜになった何ともいえない心情にさらされる。

と、脅かすような説明になってしまったが、それだけ日常では味わえない空間がここにはある。もっと平たくいえば神尾は絶好の撮影スポットで、実際にカメラのファインダー越しに駅を眺めると、どこをどう切り取っても絵になってしまう。

●駅の住人はタヌキ

さて撮影スポットといえば、ぜひカメラに収めておきたい被写体が神尾にはある。それはホームの南約１００メートルに並ぶタヌキ像の群だ。いわゆる信楽焼などに代表されるタヌキ像だが、それが30体あまり山の傾斜地にずらっと並んでいる。

森の妖精に見えなくもないタヌキ像の群

はじめて見る人は一体誰がどんな目的で置いたのか不思議に思うだろうが、もちろんきちんとした理由がある。

最初にタヌキ像を置いたのは初代ＳＬおじさんと呼ばれた石原〆造さんという人。石原さんはＳＬの車内で乗客の世話係をしていたのだが、その温情あふれる仕事ぶりからチップをもらうことが多かった。生真面目な石原さんはチップを使わず、それを旅人へ還元する方法を考えた。旅行く人の気持ちを和やかにし、旅の思い出になるものはないか。そこで思いついたのがタヌキ像だ。石原さんの意図はすぐに旅人の心をとらえ、大鉄の名物の１つになった。その後、地元の人をはじめ多くの人々

が神尾にタヌキ像を置くようになり、今に至っている。

　タヌキ像は下り線の旅客にほほえみかけるように立っている。つまりホームから見るとタヌキはみんな向こう側を向いていて表情はよく見えない。だから神尾に到着する少し手前で左側の車窓に注目しよう。いろんなスタイルをしたタヌキたちの愛くるしい顔が見られるはずだ。

　神尾に到着したのは夕暮れ時。ホームに降り立った時はえも言われぬ寂りょう感にかられたが、遠くにタヌキが見えた時は心底ホッとした。旅人の心を癒すタヌキ群は大鉄井川線の尾盛駅近くにもあり、こういった何気ない思いやりも大鉄の魅力の1つだ。

●地蔵峠の撮影スポット

　撮影ついでにもう1つ絶景ポイントを挙げておこう。それは神尾駅の上にある地蔵峠のてっぺんだ。駅から歩くと1キロほど山道を上らなければならないが、鉄道ファンや写真マニアなら行く価値は十分にある（と思う）。目印は国道４７３号線と神尾地区へ通じる道の交差点。そこから金谷方面に数十メートル歩くと山頂から神尾駅がばっちり見下ろせる。いわゆるレンズつきフィルムでは厳しいが、２００ミリ程度の望遠レンズを持っていればかなり迫力のある映像をおさえられるはずだ。もちろん撮影せずに肉眼で見るだけでもなかなか絵になる光景で、一度見ておいても損はないだろう。

天然記念物の竜門の滝

　地蔵峠から国道４７３号線を金谷

地蔵峠から見た神尾駅と大井川

方面へ2キロ程度下って行くと県指定天然記念物の「竜門の滝」がある。といっても指定されているのは滝そのものではなく、滝脇の岩盤にある横臥褶曲（おうがしゅうきょく）。これは約7千万年から1億3千万年前の海底に堆積した砂泥層が大規模な褶曲運動によって形成された地層で、それが横臥し、なおかつ浸食せずに残っている点が珍しい。その意味で滝は刺身のつまみたいな存在だが、実際はなかなか立派な滝だ。国道から90メートルほど山に分け入らなければ見えないが、その道もちょっとしたスリルがあっておもしろい。ただし部分的に道が崩れ落ちている所も実際にあるので注意しながら進もう。

福《ふく》用《よう》

大和田 ◀ ▶ 神尾

2.5km　　2.5km
150円　　150円

八高山へ登るハイカーたちの玄関口

●スイス風の駅舎

神尾から列車に揺られること約5分。途中、地蔵峠のトンネルを通過して到着するのは5番目の無人駅、福用だ。人里離れた神尾のイメージがまだ頭の片隅にあるので妙に街っぽく目に映るが、1つの峠を抜けてきただけあってその雰囲気はかなりのどかな印象だ。福用の特徴は何といってもスイス風の駅舎。これは昭和52年に大鉄がスイスのSL登山鉄道ブリエンツロートホルンと姉妹提携したことに端を発し、平成8年にブリエンツと金谷町が姉妹都市となったことで建てられた駅舎（建設は平成10年）で、鋭角の三角屋根がとてもかわいらしい。ちなみに駅には昔の駅舎の写真があるが、それを見る限り、かつてのものは現在の五和や神尾の駅舎とよく似ている。

そのスイス風駅舎を一層引き立て

異彩を放つ駅舎

ているのがプラットホームや構内の随所に植えられた花々たちだ。この緑化活動は福用にあるボランティア

大池商店のご主人大池彦範さん・妙子さん

団体「北美会」というところが音頭をとって行っているもので、大鉄も苗を育てて提供するなどの支援をしている。こうした活動は福用以外の駅でも見られ、それらを総称して大鉄では「花の駅」と呼んでいる。何とも清々しいエピソードだが、それだけ大鉄が沿線住民から愛されているということだろう。

●福用の歴史を見てきた店

　福用の駅前に大池商店という店がある。数年前に新築されているのでまったく古さを感じないが、実は終戦直後から商売をしている歴史ある店だ。扱っているものは食料品、たばこ、雑貨などで、言うなればコンビニなのだが、その歴史を考えれば万屋（よろずや）と呼んだ方がしっくりくる。しかも大池商店は簡易郵便局としての業務も行っている。これは昭和30年代後半、周辺に郵便局がないことから、町から委託されたもので、もしこの店がなかったら今でも南は五和まで、北は家山まで行かなければ郵便局と呼べるものはない。また大池商店では大鉄の切符も販売していて、近隣の住民や旅行者から重宝がられている。

　旅行者と何気なく書いてしまったが、果たしてここに来る旅行者とはどういう人たちか。その多くは村の裏手にある八高山へのハイカーだ。八高山は金谷町で一番高い山で標高は832メートル。安閑天皇をご神体にする白光神社の奥の院が山頂近

八高山ハイキングコースの起点となる白光神社の本堂

くにあり、中部東海地方はもちろん、東京や大阪からやってくるハイカーも少なくない。特に毎年2月に行われるイベント時は1日に700～900名ものハイカーが集まるという。登山コースはハイカーのレベル（初級、中級など）に合わせて3コースあり、山頂までの所要時間は約2時間半。天気が良ければ頂付近から富士山も見える。

　というわけで大池商店は八高山に登るハイカーにとって最後の食料補給地であり、登山に関する案内所の役割まで果たしている。それゆえに旅行者からの信頼は厚く、数多くの礼状が大池商店宛に寄せられている。また大池さん自身も旅行者と触れ合い、語らうことを楽しんでいる様子。寄せられた礼状を目を細めながら眺める大池さんの姿は何とも心温まる光景だ。

●日々の乗降客は？

　このエリアの無人駅は1日にどれくらいの乗降客がいるのだろう。日々福用の駅と接している大池さんによると普段は1日に40から50人ほどで、通学する子供たちと病院に通う老人たちが中心。つまり通勤者はほとんどいないらしい。これは村の過疎化、高齢化、働き手の空洞化などと密接な関係があり、大池さんもその問題に頭を痛めている。しかし人が集まればそれはそれで別の問題が浮上し、現在のようにのどかな山村を保つことは難しくなるだろう。その意味でも観光立国スイスに学ぶ点があるのかもしれない。

ちょいと立ち寄りコラム

〈SLを走らせるということ①〉

　まず燃料から。燃料はもちろん石炭だ。大鉄では元炭とピッチ炭という2種類の石炭を使っている。元炭は掘り出した石炭をコブシ大に砕いたもので、ピッチ炭は粉末状にした石炭を固めたものだ。燃焼効率は断然ピッチ炭の方が高いが、それだけ価格も高い。ということで大鉄では元炭とピッチ炭をほぼ同じ割合で混ぜ合わせて燃料にしている。金谷―千頭間を1往復するのに使う石炭は約1トン。ドラム缶にしておよそ3杯分だ。

　蒸気でピストンを動かすSLにとって水も燃料の1つ。SLで使う水は軟水。硬水ではボイラーを痛めてしまうからだ。金谷―千頭間を1往復するのに使う水は約10トン。一般的な浴槽にして約40杯分だ。

　さて運転手について。SLを動かすには機関士、ボイラーマン、助手の3人が必要。機関士は加減弁（車のアクセルに相当）、逆転機（ギアに相当）、ブレーキなどを操作する係、ボイラーマンは蒸気の圧力をチェックしながら石炭をボイラーにくべる係、助手は走行の前方確認をする係だ。と言っても3人の仕事は分業制ではなく全員が3つの役割をローテーションでこなす。理由はボイラーマンの仕事が特にハードだから。どれだけハードかと言うと金谷―千頭間を1往復する間に約1000回も炭をくべるほど。ということでSLを動かすには甲種蒸気機関車運転免許とボイラー技師免許という2つのライセンスを取得しなければならないが、大鉄の場合は電車の運転手も兼ねるのでさらに甲種電気機関車運転免許も必要になってくる。いやはや大変なのだ。大変ついでに書くとSL走行中の機関室内の気温は50度を超える。だから3人の運転手はそれぞれが凍らせたペットボトル（1～2リットル）を持参して乗務する。もちろん金谷に帰って来るまでに全部飲み干してしまうが、そうでもしないと脱水状態で倒れてしまうらしい。

〈SLを走らせるということ②へつづく……〉

大和田《おわだ》

家山 ◀ ▶ 福用

2.3km 150円　　2.5km 150円

バリアフリーのやさしい駅

●川に最も近い駅

スイスの薫り漂う福用を後にして再び列車に揺られること4分。途中、金谷と川根の町境を通過して、次の停車駅、大和田に到着する。この駅は大井川と平行して走る大鉄沿線上でも一番水に近い所にある。どのくらい近いかというとホームから川へ飛び込めるくらい。もちろんそんなことはできないが、列車がいなくなったホームでは川面に踊る水のうねりがはっきり見え、水中の魚影も確認できるほどだ（ただし魚がいればの話だが）。

さて大和田も無人駅の1つだが、その雰囲気はまたしてもこれまでのものと違う。つまり日切から大和田までの6つの無人駅は、それぞれ趣きが異なり旅人を飽きさせない。で、大和田駅は？　というとかなり近代的な様相を呈している。たとえばプラットホームや駅名の看板が新しく、各所に設けられた金属製の手す

ホームが真新しい大和田

りも新品に近い感じだ。そして何より目を引くのは車椅子でも通行に不自由が少ないバリアフリーのスロープだ。と思ったが、よく思い出してみるとこれまでの駅にも階段はなく、プラットホームの上り降りはすべてスロープだったような気がする。（事実そう）ここに来るまでそれに気づかなかったことも愚かだが、とにかく大和田駅はバリアフリーへの配慮がとても分かりやすい。おそらくこれは駅のすぐ近くに特別養護老人ホーム「とこは」があるからで、目が不自由な人のための誘導ブロック（凹凸がついた黄色い板）までしっかり埋設してある。

対岸から見た大和田駅（写真中央）

　駅周辺にあるのは少々の民家と茶畑と風光明媚な自然のみ。この本の性質上「紹介するものは何もない」とは書きたくないので、一応界隈をくまなく散策してみたのだが、やっぱりないものはない。しかし考えてみれば何もないことは何より贅沢かもしれない。川面を眺め、草木の香りを感じ、山の清らかな空気を胸一杯に吸い込めることの尊さを実感できれば、それに勝ることはない。旅はどこへ行って、何を見て、何をするかではなく、何を思い、何を感じるかが大切なのだから…。

　この「何もない作戦」は今回の旅のどこかでやろうと思っていたが、8番目の駅にしてもう使ってしまった。今後にやや不安を残しながら次に進む。

駅周辺を散策するとのどかな風景が広がる

家《いえ》山《やま》

抜里 ◀ ▶ 大和田

1.7km 150円　　2.3km 150円

見どころ満載、歴史満載の町

●まさに絵になる家山駅

大和田から家山までの乗車時間はわずか2分。しかしこの2分間で沿線の様子はまたガラリと変わる。近くに見えていた茶畑が遠くに後退し、代わって生活感のある町並みが車窓に迫ってくる。

家山は新金谷以来の有人駅で各駅停車はもちろん、急行やSLも停まる。プラットホームは1本だけだが駅の敷地は新金谷ほどあり、ホーム前に並んでいる広告看板の多さが町の大きさを物語っている。この駅の見どころは駅舎に尽きるだろう。昭和4年に建設されたものを今でもそのまま使用し、随所に昭和初期の面影を感じ取ることができるからだ。たとえば改札口や待ち合い室、木枠のガラス戸や幾何学模様の天井など挙げ出したらキリがない。しかも保存状態が良く、その陰には何十年にもわたる駅員たちの手間と努力、そして愛情があったことだろう。その様子はさながら銀幕の世界で、実際

大鉄で通学している家山小学校の生徒

に映画やテレビのロケで頻繁に使われている。近年話題になった浅田次郎氏原作の映画もここで撮影された。さらに好感がもてるのは「〇〇のロケ地・家山」とはどこにも書いてないところで、そういう部分も含

駅舎の並びには商店が連なる

めてなかなか奥ゆかしいのだ。ここを訪れたのは平日の昼下がりだったが、待ち合い室には近所の人と世間話をしているお年寄りが何人かいて、それすらも映画の中のひとコマに見えてくる。あまりに絵になっていたので無礼は承知でカメラに収めてしまった。

家山も新金谷のようにキーステーションとして利用する観光客が多い。つまり家山まで車で来て、家山～千頭間をSLで往復し、また車で帰って行くというパターンだ。家山での駐車料金は普通車で1日200円。新金谷より300円も安いが、行き帰りのガソリン代を考えるとどっちが得か微妙なところ。ただしSLで千頭まで行くなら家山から乗った方が間違いなく安いので旅費を節約したい人にはおすすめだ。

●この道47年の鉄道員

家山駅の1日の平均乗降客数は400～800人程度。その約半数が

駅名看板と木製ゲートは要チェック！

通学の子どもか病院通いのお年寄りで、残りがいわゆる観光客。つまり総数こそ違うものの客層としては福用とほぼ同じだ。年間を通じて一番忙しい桜の季節は、１日の利用客が一気に約２０００人まで膨れ上がる。これはすぐ近くに桜トンネルという桜の名所があるからだ。

駅の業務を切り盛りするのは３人の職員。全員が鉄道員として40年以上のキャリアをもつベテランだが、実は彼らは大鉄のＯＢ。つまり一度退職した後、嘱託として家山駅に残っている。その中の一人、47年にわたって大鉄と人生を歩んできた竹中光夫さんに話を聞いてみた。

利用者とのふれあいを大切にする職員たちは、観光客から「駅の看板が古くて小さいから、駅舎前で記念撮影をしても駅名が写らないんだよね」という声をよく聞かされていた。そこで職員は新しい看板をつくることに。家具の仕事をしている竹中さんの実兄から銘木を譲り受け、そこに島田の書家に頼んで駅名を書いてもらった。それが駅舎のホーム側にある看板で、今ではＳＬ越しに駅舎を撮影すれば駅名までしっかり写るようになっている。では表玄関にかかる看板はどうしたのか。実は表の看板は竹中さんが退職する時、駅に寄贈したものだ。２枚の看板は一見同じように見えるが、多少年代に差があったり、木の種類が違ったりしているのはこのためだ。竹中さんは「看板が片方だけじゃ様にならんでしょ」と照れくさそうに笑うが、そこには永年連れ添った駅舎に対する深い気持ちが込められている。

ちょっといじわるかとも思ったが、こんな質問をしてみた。「仕事をしていて辛いことはないですか?」すると返ってきた答えはこうだ。「辛いこと？　特にないねぇ。強いて言えば冬がちょっと寒いことくらいかな。なんたってこの駅舎は僕と同じで古いから…」。そう言いながら竹中さんは快活に笑ったが、その表情もまた映画の中のワンシーンを見るようだった。

竹中光夫さんは大鉄職員47年の経歴をもつ

●桜トンネルを見にいく

家山駅でのほんわかした気持ちを残しながら桜トンネルへ向かう。桜トンネルは線路沿いの道を大和田方面へ歩いていけば10分ほどで着くが、もし桜の時期に訪れるなら説明の必要はないだろう。なぜなら家山駅に到着する前に列車がそこを通り抜けているからだ。トンネル状になった桜並木の中を颯爽と走るＳＬはこれ以上望みようがないほど絵になる光景で、全国各地から見物客がどっと押し寄せる。そのため国道４７３号線は毎年大渋滞になるのだが、大鉄の線路と並行して国道にも桜トンネルが存在するので、どんなに渋滞しても気分が苛立つことはないかもしれない。

その国道の桜トンネルの脇に桜茶屋という休憩所がある。ここも春先は人混みでごった返すが、桜の季節以外に訪れても十分に楽しめる所だ。たとえば5月から6月にかけては川根の新茶が市価の半額近くで手

に入る。もちろん正真正銘１００％の川根茶だ。既に全国的なブランドになっている川根茶も市場に出回る頃にはブレンドされているケースが多く、その意味で純正川根茶は意外に貴重なのだが、ここで売られているものは川根の生産農家から直接買い入れているうえに、川根町の特産物組合が管理しているから、その品質は疑いようもない。ちなみに川根茶の特徴はまろやかな渋味で、その深い味わいは何杯飲んでも飽きがこない。

　桜茶屋の名物はお茶だけではない。そのほかにも手づくりコンニャク、手づくり味噌など、近所の農家のおばさんが丁寧につくった農産加工食品が評判を呼んでいる。また店で食べられる味噌田楽、しめじ天ぷらそばも人気で、さらに酢飯の代わりに酢でしめたそばが入っている「そばいなり」も川根だけでしか味わえない逸品だ。

三光寺の足地蔵

●日本唯一の足地蔵

　桜茶屋から国道４７３号線を千頭方面へ進み、２つ目の信号を左折、そして最初の十字路を右に折れてそのまま行くと三光寺がある。昔、家山川で足を拾った村人がそれを寺に持ち込み、住職がその霊をなぐさめたという言い伝えをもつ三光寺は日本で唯一、足地蔵があるところだ。足に関する病気やケガにご利益があり、日本各地から多くの人がやって来るらしい。

　三光寺にはもう１つ見どころがある。それは33体の観音像を巡礼できる1周約９００メートルのハイキングコースで、三十三番堂遊歩道と名づけられている。遊歩道といっても思った以上に山深い道で、勾配も意

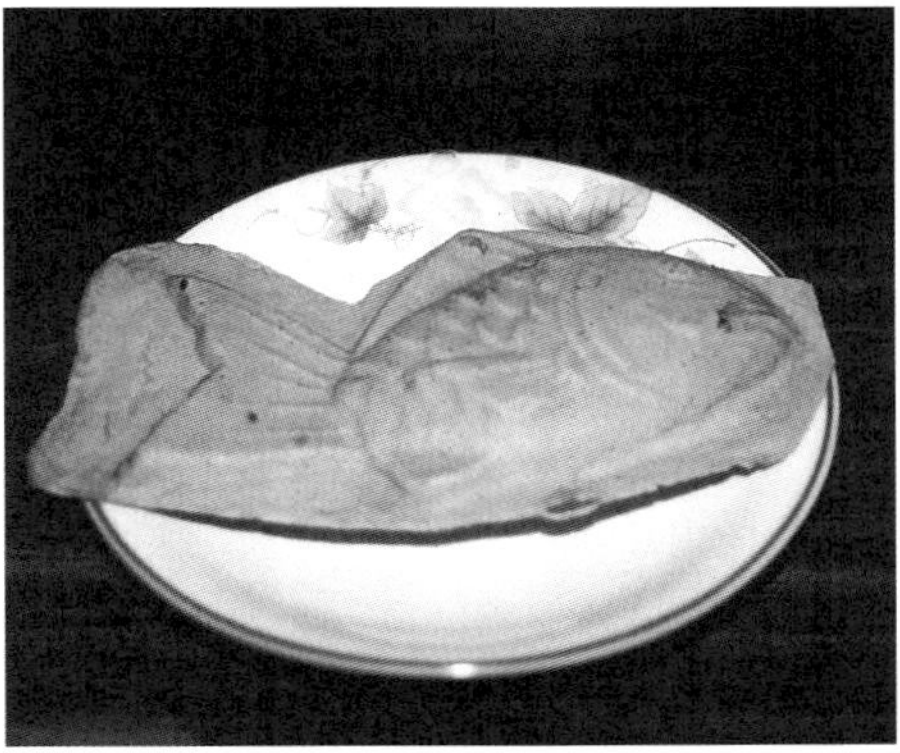

1個120円の緑のたいやき

外に急だったりするが、27番目の如意輪観音付近の休憩所は見晴らしが良く、家山の町並みを一望することができる。ちなみに足地蔵は33番目の十一面観音から少し下ったところにあるが、足腰に自信がない人は遊歩道を逆行すれば本堂からすぐだ。

●たいやきやのたいやき?

家山周辺には名所や名物が多いが、地元の人が口をそろえてすすめてくれるのは緑色のたいやきだ。「たいやきや」という直球勝負のネーミングをもつその店は、家山駅の西方約１００メートルのところにある。地元の人なら誰でも知っているので駅で聞けばすぐに分かるだろう。

昭和38年から家山でたいやきを焼き続けている南原てふ（ちょう）さんの人生はまさにたいやき人生。つくり方はすべて独学なのだが、その探求心と情熱にはほかを圧倒するものがある。たとえば初期の頃は市販のたいやきを知人の薬局に持ち込んで皮の成分を調べてもらったり、県下の名だたる和菓子屋をくまなく回って研究したり、さらに「これはおいしい」という店ではトイレを借

南原さん（右）とお客さん

りるふりをして厨房をスパイしたりと、なかなか行動がユニーク。もちろん使用する小豆、あんのつくり方なども幾多の試行錯誤を繰り返し、客が食べ残せば、それもしっかり味見して反省点をあぶり出した。こうして一応は及第点に達するのだが、それでも南原さんは納得できない。そこで思いついたのが抹茶入りのたいやき、つまり緑色のたいやきだ。南原さんは抹茶の質と分量を細かく調整しながらチャレンジを続け、時にはサラダドレッシングの会社に勤めていた息子さんから食品の色や香りに関するノウハウを引き出したりもした。で、満足のいくものができたのは昭和63年。たいやきを焼きはじめてから25年目のことだ。

妥協を許さない南原さんはつくり置きを嫌うため、焼くのは注文が入ってから。だからちょっと待たされるが、その価値は十分にある。甘さが控えめで口の中で抹茶の香りがはじけるような味わいは川根茶にベストマッチだ。なお「たいやきや」では焼きそばやラーメンも食べられ、特におでんは隠れた人気メニューになっている。

●これぞ元祖の生大福

家山にはもう1つ全国的に有名な菓子がある。それは「加藤菓子舗」の生大福だ。実はこの店、以前は家山駅のすぐ近くにあったのだが、平成14年に大井川の対岸へ転居し、それを機に屋号を「菓子道（かしみち）」としている。転居の理由は大きな駐車場が必要になったから。つまりそれだけ生大福は大人気で、噂を聞きつけて東京などから買いに来る人も少なくない。

今でこそ生大福に似たものは珍し

1個150円の生大福は茶と白の2種類

くないが、「菓子道」の生大福は既に15年以上のロングセラーを続けている逸品だ。香り立つ芳醇な生クリームと良質なこしあんが口の中で溶け合う感じは、まさに味覚のハーモ

菓子道のご主人加藤道郎さん・陽子さん

ニーで、濃厚なのにしつこさがなく、まったりしていながらフワッと消えてなくなるような食感をもっている。だから一度食べたら忘れられない。それどころか「この幸福感をあの人にも伝えたい」という思いが膨らみ、実際に次から次へと紹介の連鎖反応が起きている。

ご主人の加藤道郎さんによると生大福は和菓子と洋菓子の「いいとこどり」で、日本茶はもちろん、コーヒーや紅茶にもよく合う。ポイントはやはり生クリームの品質だが、それ以外にも明かせない企業秘密がいろいろあるらしい。さすがに名品。一朝一夕でこの味は出せないのだ。

すべて手づくりに徹した生大福は、1日に600個程度しかつくれない。だから「菓子道」のある川根町までわざわざ出かけないと基本的に入手できないのだが、生大福はそれさえも付加価値として認められてしまっている。しかも売り切れゴメンなので、せっかく行っても買えない場合もアリ。「んじゃーどうしたらいいんだ」という人も多いだろう。

そこでおすすめするのは予約。2、3日前までに電話予約しておけば確実に手に入る。また地方発送もしているので事前に発送日を伝えておけば、きっちりその日に生大福が届けられる。ただし送料は別途だ。ちなみに「菓子道」では北は北海道から南は沖縄まで、地方発送の依頼が絶える日はないという。これはもう横綱級の人気と言ってもいいだろう。

家山駅から「菓子道」までは車で5分程度。駿遠橋で大井川を渡って県道63号線をそのまま進めば消防署のすぐ先左側にある。お洒落な南欧調の建物が目印。店内には生大福のほかにも和菓子や洋菓子がずらりと並び、喫茶スペースも完備している。

●製茶工場で飲む新鮮な日本茶

「菓子道」の隣にある山関園製茶、通称「やませき」は製茶工場と観光施設がドッキングしたスポットだ。工場といっても無骨なイメージはなく、施設全体はとても近代的でスマートなたたずまいを見せている。ここには日本茶の喫茶室、地場産品の売店、ギャラリー、大鉄を望む展望室などがあり、多くの観光客が川根温泉や千頭のついでに立ち寄るらしい。中でも喫茶室で飲む川根茶はおすすめだ。スタッフの説明に従って自分でお茶をいれるスタイルで、それ自体にエンターテイメント性があって楽しめる。しかも飲んでビックリの味わいに感動すること請け合い。この「自分でいれたお茶がおいしい」という体験は意外なほど新鮮で、いわゆる日本茶インストラクターがいれてくれたものとは一線を画する味わいがある。にもかかわらず和菓子つきで450円という価格設定。これはもう「行かないでどうする」というレベルだ。

●若い人たちにCHAの文化を

家山駅からちょっと離れているが、あえて紹介したいスポットがある。家山駅から駿遠橋で大井川を渡り、県道64号線を島田方面へ右折、そのまま道なりに4キロほど行くと右側にある、洒脱な和風建築の「茶房 遊（ゆう）」がそれだ。ここは

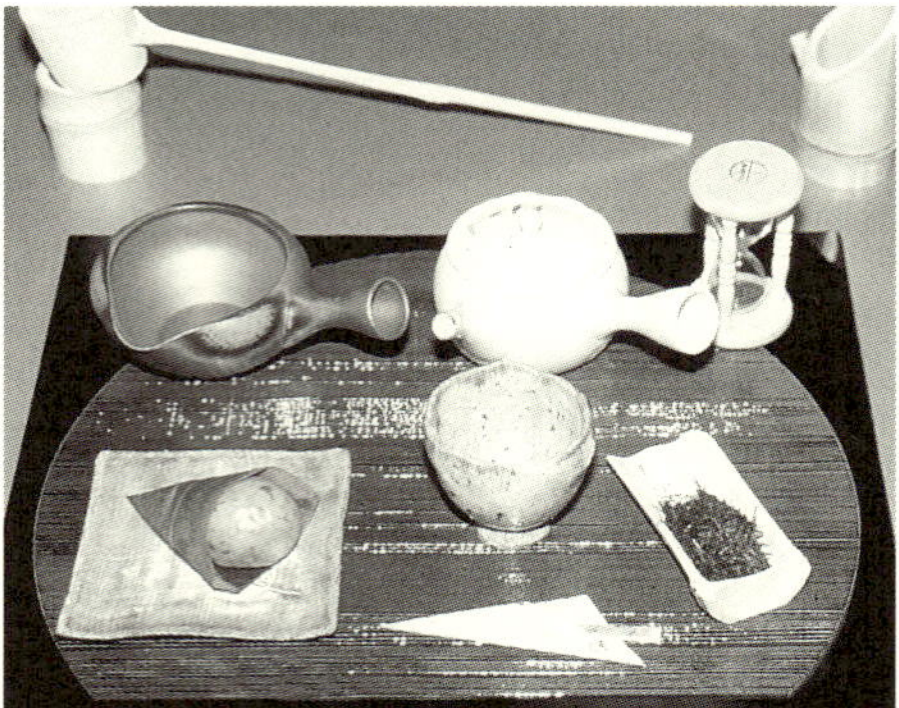
やませきの「喫茶セット」450円

店内では胡弓などの演奏会を催すことも

家山駅前にある朝日園という茶舗が「リーフで飲む本当のお茶の味を知ってもらいたい」という思いからスタートさせた、極上の川根茶が味わえる新感覚の喫茶スペース。極上茶というと作法や流儀に縛られて妙に肩に力が入ってしまうが、「遊」には「お茶を通じて時間を遊んでもらいたい」というコンセプトがあり、そこにはこんなメッセージが隠されている。CHA→C＝communication、H＝hospitality、A＝association。つまり、集い、もてなし、会話をするのが茶の文化というわけ。だから「遊」ではおいしいお茶を飲みながら楽しく会話をするのが流儀だ。

「遊」には今ブレーク中の中国茶やお茶を使ったトリュフ、生チョコ、ソフトクリームなどの無添加食品があるほか、テラス席や自由にくつろげる芝生のスペースも完備されているので楽しみ方は人それぞれに自由自在。また店を取り囲む自然も清々しく、空気や景色までおいしい。その意味で本物のリラックスがここにはある。なお「遊」からさらに県道64号線を南下していくと大和田、福用、神尾の駅を大井川の対岸から見ることができるので、大鉄をディープに極めたい人はこの店に立ち寄りながら行ってみるといいだろう。

茶房・遊の店長、鈴木奈穂子さん

抜《ぬく》里《り》

笹間渡 ◀ ▶ 家山

1.2km 150円　1.7km 150円

元気いっぱいの村人たち

半分が「麦の会」の厨房になっている駅

●駅舎が厨房？

　見どころいっぱいの家山を後にして再び列車に揺られること3分。次の停車駅は抜里だ。ここからまた塩郷まで4つの無人駅が続く。抜里の駅舎も五和や神尾のような古い木造建築で、昭和初期の面影を残した焦げ茶色に染まっている。改札口（もちろん今は使われていない）にある裸電球もいい雰囲気だ。しかしこの駅にはどことなく人の気配がある。とても漠然とした印象だが、五和や神尾にはないやさしさ、あえて言うなら刺がない丸っこい風情がある。

　それもそのはず。抜里駅舎の半分は地元の「麦の会」というグループの活動場所になっているのだ。「麦の会」は地場の農作物で郷土料理をつくり、それらを家山の桜茶屋や笹間渡の川根温泉に提供している。中でもナスの味噌和えと落花生の煮物は、店頭に置くと同時に売り切れてしまうほどの人気で、白飯のおかずにして良し、酒の肴にして良しの逸品だ。会長の諸田サヨさんによると「麦の会」の結成は平成7年。大鉄に賃貸料を払いながら駅舎の半分を借り受け、会の厨房として利用している。「本当は駅前にお店をつくりたいけど、この辺はなかなか人が来ないから」と諸田さんは話すが、その表情に暗さは微塵もなく、それどころか明るく元気な笑顔はやる気に満ちている。そのバイタリティーで村おこしが成功することを期待したい。

　さて、抜里駅にはもう1つ「花ともだち」という有志の会がある。これは福用駅の北美会のような緑化ボランティアグループで「とにかくいっぱいの花で駅を飾ってしまおう」という理念で運営されている。年間を通じていつも花が咲いているように計画、実行され、ことに駅舎の線路側にある花壇は一見の価値ありだ。花越しに通過する列車も絵になり、実際鉄道ファンや写真マニアの撮影スポットとしてもよく知られている。

　ということで抜里駅には無人駅特

有の寂りょう感はない。確かに人の姿は見えないが、構内の至る所で地元の人たちの元気な息づかいと温もりを感じ取ることができる。「頑張れ抜里！」何故かそんな気持ちになってしまった。

「麦の会」の会長を務める諸田サヨさん

●鵜山の七曲り

大井川の中流域には約4キロにわたって川が大きくくねくねと蛇行している部分がある。鵜山の七曲りと呼ばれるその屈曲はシワのように隆起した地層に川が流れ込んでできたもので全国的に珍しく、県の天然記念物にもなっている。では鵜山の七曲りはどこで見られるのか？　地理的に近いのは駅でいうと抜里の先の笹間渡か地名になるが、蛇行を一望できるビューポイントへのアクセスという点では抜里が一番便利だ。

抜里駅から山側へ伸びる道を進んでいくと500メートルほどで国道473号線に出る。そこを左折して抜里の繁華街（？）を通過し1キロ程度行くと、右側に林道家山線が現れる。あとはその林道をひたすら上っていけば6キロちょっとで鵜山の七曲りが一望できる朝日段公園に出る。ここには富士山や南アルプスが望める展望台があるほか、双眼鏡やトイレもあり、ハイシーズンともなればハイカーたちでにぎわう。

で、肝心の鵜山の七曲りは？　というと、これがなかなかおもしろい。写真では分かりにくいのだが、実際は「よくもまぁこんなに曲がってしまって…」と呆れるほど川が蛇行して見える。抜里駅から歩くと結局2時間近くかかってしまうが、途中の茶畑の風景も良く、着けば着いたで爽快な見晴らしが待っているので、わざわざ足を運ぶ価値は十分にあると思う。ちなみに車なら駅からの所要時間は約10分だ。念のために書いておくと抜里駅前でタクシーを拾うのは120％無理。

ちょいと立ち寄りコラム

〈SLを走らせるということ②〉

相当な激務を強いられるSLの運転手だが仕事は運転だけじゃない。機関車の始業点検、終業点検もしなければならないのだ。と書くといかにも義務的な感じがするが、実際にその作業を見ていると義務というよりSLに対する献身的な愛情を感じてしまう。ハンマー片手に機関車のいろんな部位を叩いて回り、その音を聴きながら不具合を見つけ出したり、真剣な目つきで機関車全体を磨き上げる様子は慈愛に満ちている。

現在、新金谷の乗務区には約30人の運転手がいるが、その区長、坂本秀夫さんに話を聞いてみた。坂本さんは、この道40年の大ベテラン機関士でもある。

Q：機関士ら3人の人選はどうしていますか？

A：「基本的にローテーションです。ただし必ずベテラン、中堅、若手の3人で構成するようにしてます。これは若手の教育が主な理由ですが、ベテランもまた若者に学ぶ点があると思いますね。」

Q：ベテランと若手の違いはどんなところですか？

A：「たとえば石炭をあまり使わずに機関車の力を引き出すとか、煙の量を減らすような走り方をするとか、そういう部分は経験で培われるものです。反対にどんなことでも吸収してやろうという研究熱心な姿勢は若手から学ぶことが多いですね。」

Q：燃料や煙に関しては気を使いますか？

A：「それはもちろん。特に住宅の近くではできるだけ煙を噴かないように気を配ってます。」

Q：難しいのはどんな点ですか？

A：「いろいろありますが、たとえば客車を何両引っ張るか、乗客がどのくらい乗っているかによっても石炭のくべ方は違ってきます。その頃合は経験によるカンで、なかなか言葉では説明できませんね。」

Q：3人の仕事で大切なことは？

A：「やはりチームワーク。それに尽きるでしょう。」

笹《ささ》間《ま》渡《ど》

地名 ◀ ▶ 抜里

2.9km 150円　1.2km 150円

列車の撮影スポットがいっぱい

●急行も停まる無人駅

抜里駅を出ると列車はすぐに大井川を渡り、川の東岸を走ることになる。そして到着するのが笹間渡だ。抜里からの所要時間は約2分。笹間渡駅も基本的に無人駅だが、ここがほかの無人駅と違うところは急行が停車することで、金谷行ではSLも停まる。駅舎の大きさや風情は抜里と同じくらいだが、さすがに急行停車駅だけあって、より人の気配を感じる雰囲気だ。その気配を決定づけているのが駅舎の半分を利用したギャラリー「ひと花館」で、地元、川根町の画家、石島純子さんの水彩画などの作品を見ることができる。開館しているのは金曜日~月曜日までだが、風格ある駅舎と相まって全体的にアカデミックで垢抜けた空間になっている。

駅に停車するSL列車

駅の待ち合い室やプラットホームも一種のギャラリー状態だ。たとえば待ち合い室には古びた猫の人形や木製のゴミ箱があったり、ホーム沿いには「猪の肉あります」という看板があったりと、なかなか見ていて飽きない。さらにメキシコ寿司の「寿し宗」（日切駅の項参照）の広告を見つけた時には妙な懐かしさを覚えてしまった。

ふれあいの泉の入り口

金谷を出てから11番目の駅ともなると、それぞれの駅にいろんな共通点を見い出すことができる。笹間渡駅はある部分で大和田駅に似ている。それはハンディキャップをもった人たちに対するバリアフリーの配慮で、駅構内には緩やかなスロープや黄色い誘導ブロックなどが設けられている。またトイレなどの付帯設備もよく整備されていて、トータルとして清潔な印象を受ける。

●一大リゾート施設の川根温泉

なぜ笹間渡は無人駅なのに急行が停まるのか。なぜバリアフリーへの配慮が徹底されているのか。その答えは、駅から歩いて5分のところにある「川根温泉ふれあいの泉」だ。

ふれあいの泉にある温泉プール

この施設は大浴場、露天風呂、温泉プール、サウナ、レストラン、休憩室、宿泊棟などから成る複合型リゾートで、川根町と民間による第三セクターで運営されている。広大な敷地内には実にさまざまな設備がある

が、最大の魅力は何といってもSLが見える露天風呂だ。特に下りのSL（千頭行）が鉄橋の上を走る勇壮な光景は大鉄路線のハイライトの1つで、それを露天風呂から眺められるのだから、もうこれ以上の幸せはないかもしれない。もちろん男湯と女湯の両方からばっちり見えるし、さらにいえば館内のいろんな所（休憩室や時間貸の個室など）から鉄橋の列車を見ることができる。ちなみにこの鉄橋は金谷―千頭間の下り列車が初めて大井川を渡る橋で、大鉄では「第一橋梁」と呼んでいる。

「ふれあいの泉」は平成10年に竣工。1日の平均利用者数は約1200人と多く、週末や夏休みのハイシーズンにはこれが2000人以上に膨れ上がる。利用料金は浴場だけなら大人1人500円（3時間まで）、プールやサウナも利用できる共通券でさえ大人1000円（3時間まで）と格安だ。また宿泊棟の周りにはバーベキュー施設、パターゴルフ場、川根茶の手もみ体験コーナーなどもあり、なかなか1日では遊びきれない。なお入浴料と大鉄切符がセットになった割引チケットや、宿泊者の入浴割引もあるので、ここを利用する際にはしっかり活用しよう。

さて、もう1つ。川根には隠れた名産品がある。それは炭だ。平成13年には「全国炭サミット」というイベントが川根で開催されるなど、その品質の良さは折り紙つきで、「ふれあいの泉」ではいろんな炭製品だけでなく、麺の中に炭を混ぜた『炭うどん』600円や『炭ラーメン』550円などの炭食品も販売している。土産話に一度試してみては。

●絶好の撮影スポット

「ふれあいの泉」のすぐ裏には大井川の河原が広がっている。ここは第一橋梁を走り抜ける列車を撮影するにはもってこいのポイントで、土手からでも、河原からでも絵になる映像をおさえることができる。また鉄橋を笹間渡側に越えると、列車は川根温泉の駐車場の中を走るようなカタチになるため、間近で迫力ある写真を撮りたければ、その周辺も撮

笹間渡—地名間にある笹間ダム湖

影スポットとしてはおすすめだ。ただし、駐車場はあくまで川根温泉の利用客のためにあるものなのでルールとマナーには十分に気を配ってほしい。これは笹間渡に限らずどの撮影スポットでも、茶畑などの私有地や大鉄の軌道内にドカドカと入り込んで撮影するような不謹慎な行動は慎んでもらいたい。どうしてもそのような場所で撮影したい場合は、面倒でも然るべき人に許可を取ってほしい。もちろんゴミやタバコのポイ捨ても厳禁だ。一部の心ない人の行動がきっかけで、そのエリアの立ち入りが全面禁止になるという話は全国の観光地で頻発しているが、大鉄沿線でそんな悲劇は見たくない。

地名《じな》

塩郷 ◀ ▶ 笹間渡

1.5km　　2.9km
150円　　150円

ある種のトワイライトゾーン

●官舎つきの駅舎

笹間渡から地名の途中で列車は中川根町に入る。この区間の乗車時間は約4分、走行距離は2・9キロだ。これは大鉄千頭線内にある18区間の中で5番目に長い。ちなみに千頭線内で一番長い区間は五和―神尾間の4・8キロ。金谷から井川の全線では閑蔵と井川間の5キロが一番長い。逆に全線での最短は代官町―日切間の0・5キロで、二番目に短いのは日切―五和間の0・7キロだ。イメージとしては終点に近づくほど山深くなり、一区間の距離が長くなりそうだが、実際はそんなこともなく、各区間の距離はそれぞれの地形や生活エリアによって左右されている。

さて地名駅だ。ここも無人駅で駅舎は抜里や笹間渡同様、昭和初期の

官舎と続きになっていた駅舎

面影を残している。駅前にある商店の人に聞いてみると、無人化する前は駅舎とつながった官舎に駅長の家族が住んでいたということで、確かにそんな感じのたたずまいだ。そういえば抜里で取材した諸田さんも同じことを言っていて、つまりこのエリアの駅長はみんな「通い」ではなく「住み込み」で勤務していたことになる。しかし考えてみれば当然で、昔は今のように車や道路が発達していなかったから住み込みでなければ仕事にならず、駅舎と官舎が一体化していたのは必要条件だったのだ。特に地名のように峠と川で隔絶された地域では条件以前の常識だったろう。

日本一短いトンネルを通過中の電車

地名駅にはおかしなものがある。それは日本一短いトンネルで、プラットホームにもその説明がある。トンネルの場所はホームの千頭寄りに立てばすぐに分かるが、パッと見た感じではトンネルに見えない。しかし言われてみればトンネルに見えなくもない。これは大正から昭和初期まで、藤枝—千頭間にあった索道（空中に鋼鉄製の綱を張り、そこに運搬器をつるして人や貨物を運ぶ設備）がこの地域を通っていて、その保安用（線路に物が落ちないよう）に築造されたものらしい。ホームから見ると一応は山の体裁をとっているが、上方から見ると平行四辺形のような形になっていて、どうにもこうにもヘンテコな感じだ。が、とりあえずは日本一短いトンネルということで納得しておこう。ちなみに全長は13メートルで、2両編成の普通電車でも先頭と後尾がトンネルからはみ出てしまう。

出札業務をする大橋さん

●タバコと切符が同時に買える

駅前にある「大橋商店」もなかなか興味深い。一見ごく一般的なタバコ屋さんという外観なのだが、よく見るとそこには「大鉄の出札係」という文字が書かれている。思い起こしてみれば福用にも出札係を兼ねる商店があったが、地名の「大橋商店」はあまりにも外観が「それっぽくない」ので、気づいた時は意表を突かれた思いがした。しかし侮ってはいけない。ここでは大鉄の切符はもちろん、定期券やJRとの乗り継ぎ切符も販売していて、駅の基本的な業務はほぼまかなってしまう。ただし利用する人はかなり少なく、まったくお呼びがかからない日もあるらしい。それもそのはず地名駅を利用する乗降客のほとんどが通学の子供たちで、みんな定期券を持っているからだ。とは言っても商店としては地元の人から愛されていて、しばらく見ているとちょこちょこと客が現れてはお菓子やアイスクリームを買っている。暑い日だったので私もカップ入りのかき氷と次の塩郷までの切符を買ってみた。両方合わせて250円。駅舎の待ち合い室でレモン味の氷をほおばると、何だか懐かしい味がした。

●異彩を放つ旧発電所

駅前の下り坂を道なりに下り、交番のある交差点を左折。そのまま200メートルほど歩くと左側に何やら怪しげな建物が建っている。ちょうどバスケットのコートが一面とれそうなレンガ造りの古い建造物…。

これは一体何なのか。周囲を見渡しても説明書きなどは一切ない、ただただ異彩を放つその建物は「東海パルプ」という製紙会社が明治43年に建てた自家発電所だ。一時は地元の大工さんの資材置き場に使われていたこともあって内部はガランとしているが、文化財としてはなかなかの価値がありそう。で、中川根町の町役場に問い合わせてみると、現在は地名振興会という社団法人が管理していて、今後は歴史を語る貴重な建造物としてしっかり保護していきたいとのこと。とは言え、旧発電所を博物館にするのか、ギャラリーとして再興させるのか、これからの具体的な方針はまだ決まっておらず、現在も思案中らしい。

旧自家発電所は立ち入り禁止

塩《しお》 郷《ごう》

下泉 ◀ ▶ 地名

3.1km 190円 / 1.5km 150円

ちょっとしたアドベンチャー

大井川最長の吊り橋

●大鉄と大井川をまたぐ吊り橋

地名から塩郷までの乗車時間は約3分。ここからしばらく列車は川の東岸を県道77号線に沿って走ることになる。だから塩郷の駅は川と県道に挟まれてちょっと窮屈そうだ。ただし目の前は広く抜けた河原なのでプラットホームからの眺めはとてもオープン。ここも大和田駅のように線路のすぐ下を川が流れているが、大和田と違うのは河岸に消波ブロックが積んであること。つまり塩郷の駅はオープンなロケーションであるだけに水や風の攻撃から身を守らなければならず、駅舎も堅牢なコンクリート造りになっている。

さて、塩郷といえば吊り橋だ。駅のすぐ近くなので一度は渡っておこう。この吊り橋は正式には「久野脇橋」といい、全長は大井川にかかる吊り橋で最長の220・4メートル、高さは10・4メートルある。特徴は

開放的なくのわき親水公園キャンプ場

河原を吹き抜ける風の影響を少なくするため、細いワイヤーで組み上げてあること。だから遠くから見るとちょっと心細い印象を受けるが、実際に橋の正面に立つと結構頑丈そうで、これなら高所恐怖症や吊り橋が苦手な人でも大丈夫だろう。と思ったら甘かった！　一歩足を踏み出すごとに橋全体がうねるようなバイブレーションを発し、どうにもこうにも足が橋げたに着かない。慌てて両側のワイヤーを両手でしっかりつかむのだが、それでもかなりスリリング。そろりそろりと大鉄の線路の上を通過し、なんとか川の上に達したが、ふと足元を見ると川面がスカスカに抜けて見え、さらに恐怖心が沸き起こる。「仮にここで転んでしまってもワイヤーの編み目に引っかかるから下まで落下することはまずない」と理屈では分かっていても感情的にはまったく安心できない。こういう時の人間の心理というのは厄介なもので、渡り口に「この橋は4人以上で渡らないで下さい」と書いてあったが、その4人とは重量にしてどれくらいだろうか、まさか子供4人じゃないだろうな、だとしたら大人換算なら2人だな、とするとその場合の1人あたりの重量はどのくらいに設定しているのか…などというネガティブな考えが矢継ぎ早に浮かんでくる。そうこうしている内に突然胸元で電子音が鳴って背筋が凍りつく。携帯電話だ。なんというタイミングの悪さ。まさに「今、手が離

せません！」

　ということで吊り橋を渡る時は携帯電話のスイッチは切っておこう。念のために書いておくと久野脇橋の定員は大人3人。もちろん定員を守っていれば危険はない。

頻繁に車が行き来する塩郷ダムの橋

●アウトドアフリーク御用達

　恐い思いまでして吊り橋を渡ったので、その先の「くのわき親水公園キャンプ場」まで行ってみることにする。アクセスは次の通り。橋を渡りきったらその道をそのまま歩く→約200メートルで国道473号線に出る（といっても見た感じはほとんど林道）→国道を左に折れてしばらく進む→すぐにキャンプ場の看板が見えてくる→というわけ。「くのわき親水公園キャンプ場」はその名が示すように大井川の水際にあり、約4万平方メートルという敷地面積は中川根町で一番広いキャンプ場だ。フリーのテントサイトには樹木が点々とあるので、夏でも木陰で涼しく過ごせるばかりか、タープやハンモックを設営するにも都合がいい。また炊事場、水洗トイレ、温水シャワー、駐車場などの付帯設備も整っていて、しかも清潔な印象。「設備が整い過ぎているとつまらない」というキャンパーもいるだろうが、敷地が広いから「妙に整い過ぎた印象」は薄く、自然と設備のバランスがちょうどいい感じだ。これならアウトドアフリークからファミリーキャンパーまで幅広く楽しめるだろう。貸し出し用のテントや鉄板などもあるので軽装備で出かけてもOKだ。河原に出れば向こう岸を走る大鉄も見える。

●テントサイトをSLが走り抜ける

　塩郷駅から県道77号線を北上する

と600メートルほどで塩郷ダムの脇に出る。吊り橋がどうしてもダメな人はこのダムの上の車道を歩いていけば、安心して対岸へ渡れるだろう。塩郷ダムの車道はこの地域の大井川の東岸と西岸を結ぶ貴重な橋になっていて、もしダムがなかったら下流は地名まで、上流は下泉まで迂回しなければならない。そのため意外なほど頻繁に車が往来しているが、車幅は2メートル以下、重量制限は2トン以下に制限されているのでバスやトラックなどの大型車両は通行できない。

ダムをやり過ごして県道77号線をそのまま進むと、500メートルほどで「中川根自然キャンプ村」の前に出る。このキャンプ場は中川根で一番歴史が古く、どこか伝統的な気配を漂わせている。16棟のバンガローのほか、大型の研修棟、コインシャワーなども完備されているので学生サークルやボーイスカウトなどの団体に利用されることが多く、また雨が降っても比較的快適に過ごせるのが特徴だ。もちろん貸し出し用のテントや調理器具もある。しかし一番の魅力はなんといってもSLだろう。テントサイトとバンガローのすぐ脇をSLが走り抜ける興奮はキャンプの思い出として超A級で、その記憶はいつまでも色褪せない。明るくオープンな「くのわき親水公園キャンプ場」をとるか、ノスタルジックでわくわくドキドキの「中川根自然キャンプ村」をとるか、なかなか選択するのは難しいが、2泊3日の旅程度ならそれぞれに1泊ずつするスタイルもアリだ。テントの移設など面倒な部分もあるが、それに値する満足感は十分にあると思う。

中川根自然キャンプ村内のヤマメの釣り堀

下《しも》泉《いずみ》

田野口 ◀ ▶ 塩郷

3.5km 190円　3.1km 190円

下泉河内川の清流が新鮮

●御年70歳のベテラン鉄道員

　左に大井川の大きな流れを見ながら約5分。列車は急行停車駅であり有人駅でもある下泉に停車する。プラットホームの雰囲気は1つ前の有人駅、家山に似ているが、駅舎はそれよりこぢんまりと落ち着いた感じで、今にして思えば家山はどこか華やいだ風情をもっていた。下泉にはSLも停まるが、新金谷や家山のように観光客がキーステーション的に使うことは少なく、そのことも駅全体を静謐なものにしている要因かもしれない。それでもさすがに有人駅だけあって1日の平均乗降客は約300人を数え、近隣の無人駅とは文字通り桁が違う。ただしその内訳は通学の児童と学生がほとんどで、客層に大きな隔たりはない。ちなみに下泉に駅員がいるのは朝の7時から夕方の4時半までで、それ以外の時間帯は無人駅になる。

　駅で出札業務を行う下嶋英太郎さんに話を聞いてみた。下嶋さんは昭和23年に大鉄に入社、60歳で定年を迎え、平成14年の5月から嘱託で下

笑顔の中にも実直さが見える下嶋英太郎さん

駅舎の窓の格子は無人時の防犯が目的

泉に派遣されている御年70歳の大ベテラン鉄道員だ。「これまでで楽しかったことは？」と聞くと、「青部（下泉の3つ先の駅）での助役時代に、近くのキャンプ場の世話係をやっていたこと」と答えてくれた。その頃に世話をした小学生たちが大人になっても慕ってくることが何よりも嬉しいと下嶋さんは言う。

「反対に苦労したことは？」と聞くと、「井川線が大鉄に移管された時、中部電力の鉄道管理員もそのまま大鉄に配属され、その人たちの教育係を任されたこと」とのこと。2つの会社の人間が1つになることの大変さ、そして資材を運ぶだけの鉄道が旅客鉄道として生まれ変わることの苦しさをこれでもかというほど思い知らされたという。「でも今となっては、どっちもいい思い出だね」と下嶋さんは満面に笑顔を浮かべる。

60歳の定年から70歳までの10年間、下嶋さんは大鉄の関連会社の「大鉄フード」で働いていた。「70になったら引退して、近所の茶畑の面倒でも見ようと思ってたんだけど、急にまたお声がかかって…」と最近の経緯を語るベテラン鉄道員は、ほぼ1日おきに五和から下泉に通っている。もちろん足は大鉄で、約40分の通勤時間だ。

下嶋さんは永年の経験から走り去る列車の音で機関車の調子が分かるという。特にSLに関してはどの部分が悪いかまで判断できるそうだ。「年寄りが出しゃばるのは嫌われるから、よっぽどじゃないと機関士には言わないけどね」と下嶋さんはそこでまた笑う。その笑顔は再び大鉄で働けることの歓びを噛みしめているようだった。

●不動の滝を見にいく

下泉の駅から歩いて行ける観光スポットといえば不動の滝だ。駅からの道のりは2キロちょっとと決して近くはないが、大井川の支流にあたる下泉河内川の清流を眺めながらの道程はなかなか清々しく、大井川にはない渓谷を伝う小さな流れ、横沢も目に新鮮だ。

不動の滝は「不動の滝自然広場オートキャンプ場」からさらに200メートルほど山に分け入ったところにある。ちょっと険しい山道を上り、途中で木製の小さな橋を何本も渡り、時には両手まで使って這い上がると木立の中に落差45メートルの大きな滝が見えてくる。滝壷付近には自動車くらいの大きさの岩がゴロゴロしていて、あたりはなんだか荘厳な気配に包まれている。それもそのはず、不動の滝は古くから修験者の修行の場として知られ、霊験あらたかな滝として崇められているのだ。だから轟音と飛沫する水しぶきの中に立っていると不思議と心が安らいでくる。これにはマイナスイオンの効果も含まれているかもしれない。

不動の滝

来た道を引き返し、「不動の滝自然広場オートキャンプ場」へ戻る。ここは大井川流域にある開放的なキャンプ場とは趣を異にする渓谷の中にあるキャンプ場だ。かなり濃密な自然に囲まれているが、駐車場、炊事棟、温水シャワーなどの設備もしっかり整備されている。中川根町にあるキャンプ場は、くのわき親水公園、中川根自然村、不動の滝など、どれも個性がはっきりしていて、TPOに応じて使い分けるとおもしろいだろう。

●中川根町の特産品を買う

下泉の駅から県道77号線で大井川を渡り、国道362号線に出たら、それをそのまま2キロほど北上していくと「四季の里」という店がある。ここは中川根町の特産品を扱う販売所で、中川根茶はもちろん、地場の野菜、農産加工食品、花苗、民芸品など、とにかく中川根に関係するアイテムがドッサリある。もちろん直販なので価格は控えめ。また店内では手打ちそばなどの軽食も食べられるので、ちょっとした休憩に立ち寄ってもいいだろう。ちなみに私が心動かされたのは農作業などに使う背負いカゴで、カラフルな肩ひも（ストラップ?）とナチュラルな竹カゴのコンビネーションが意外にオシャレだったりする。それを買って帰ってどうするのだ？　という意見もあるが、1000円と安価なのでつい買ってしまう若い女性も多いのでは？

駅の手前、下泉河内川に架かる大鉄橋梁

四季の里で売っている民芸品

田《た》野《の》口《くち》

駿河徳山 ◀ ▶ 下泉

3.1km 190円　　3.5km 190円

大鉄、大杉、大仏、大札山の大づくし

●河童池を見落とすな

所要時間で約5分、距離にして3.5キロの下泉―田野口間は千頭線内で五和―神尾間に次いで2番目の長さ。そしてこの区間には右側の車窓から一瞬だけ見える池、通称「河童池」があって、「池の中に鯉の魚影が見えたら恋が成就する」という占いめいた逸話がある。真偽のほどは定かではないが、地元の人に尋ねてみると、鯉が見えるのは本当に少ないらしい。つまり見えたらラッキーという意味で、若い人がそれを恋愛と結びつけたのだろう。ちなみに河童池まで歩いて行って鯉を探すのは反則で、あくまで大鉄の車窓から見るのが鉄則らしい。ただしこれも地元の人に聞いたのだが、河童池まで徒歩で向かうのは結構大変で、さらに池のほとりに立っても鯉が見えないことの方が多い。ということで大鉄の車窓から河童池の鯉が見えたら、それはかなり幸運と思っていいようだ。ちなみに鯉は野生ではなく、地元の人が放したというのが定説。

さて、河童池の鯉が見えても見えなくても列車は田野口に到着する。ここもまた無人駅だ。すでに慣れ親しんだ感のある焦げ茶色した駅舎のすぐ近くには製材所があり、駅が無人化する前は地元の婦人たちが勇ましく木材を担ぎ、それを貨車に積み込む光景がよく見られたという。しかし今となっては往時の面影は薄く、駅舎と製材所は舗装された県道

花で溢れる駅構内

77号線で寂しく分断されている。また、かつて貨車置き場だったところは車の駐車場に姿を変え、鉄道が車に駆逐されてしまった様子をシンボリックに物語っている。

と、やや寂しい駅紹介になってしまったが田野口もまた花の駅の1つで、実際の構内は明るく陽気で華やいだ感がある。プラットホーム上につくられた花壇も微笑ましく、地元の人たちが大鉄を愛して止まないことは想像に難くない。色とりどりの花を眺めていると、いつの時代も生活者というのは元気で逞しいものなのかもしれないという思いがこみ上げてきた。

●河童池の鯉を見たければ

店主の希望により店名は明かせないが、田野口駅の近くにある商店では河童池の鯉の写真を見ることができる。店内にはこの地を訪れた写真愛好家の作品がずらりと並んでいるが、その中に河童池の写真もあるからだ。「ここまできれいに見えるのは珍しい」と店主が言うほど鮮明に鯉が写っていて、池自体も神秘的な雰囲気をたたえている。とても興味がわいたので池までの行き方を教えてもらったが、すぐその後に「歩いて行くなら大変だで、やめた方がええ」と制止されてしまった。徒歩では往復で2時間以上かかるからだ。行くなら四駆でというわけで、普通乗用車では無理とのこと。でもそこまで言われるとどうしても行きたくなるのが人情で、近い内にオフロードバイクで行ってみようと思う。ちなみに河童池に鯉を放したのは田野口の人らしい。（実はこれ以外にもおもしろい話がたくさんあるのだがオフレコということで明かせない。残念ではあるが、私の個人的な記憶に留めておこう。）

千葉山智満寺。山門は町指定文化財

●五本杉と大仏

田野口には「大」の字がつく名所が多い。駅から一番近いのは津島神社の大杉、いわゆる五本杉だ。神社までは駅から線路沿いの道を千頭方面に歩いて行って、2番目に現れる踏切を渡って道なりに進めば10分程度で着く。ただしちょっと分かりにくいので駅前のガイドマップをよく見るか、地元の人に聞いてから向かった方がいいだろう。五本杉は目通り6.27メートル、根回り8.2メートル、樹高35メートルの大木だが、最大の特徴は高さ8メートル付近で幹が5本に分かれているところ。しかもそれぞれの幹は同じ太さで同じように育っている。その様子はかなり不思議な感じで、いかにも神木らしい気配を漂わせている。静岡県の天然記念物に指定されているが、まったく異論なし！　という堂々たる姿態だ。

田野口の大紀行、次なる場所は智満寺の大仏だ。智満寺へは駅前の道

大理石造りの智満寺の大仏

津島神社の五本杉

を下泉方面へ進み、右手に見える中徳橋で大井川を渡り、国道362号線を左折すれば、すぐに案内の看板が見えてくる。駅からの道のりは約1.5キロだ。智満寺に着いたらまず山門を鑑賞。江戸時代中期に建てられた1間1戸の禅宗様式4脚門というスタイルは、勇壮にして優美なたたずまいだ。山門をくぐると正面に本堂があり（これも見事）、それを裏手にぐるっと回ると大仏がある。川根大仏と呼ばれるこの仏像は山の緑を背にして輝くように鎮座している。

さて最後は大札山。ここに関しては「ぶらっと歩き」では無理。だから詳細は省略させてもらうが、大札山界隈には見どころがたくさんある。たとえば「三ツ星オートキャンプ場」やモリアオガエルの生息地として知られる「おろちの池」、ログハウス風の宿泊施設「ウッドハウスおろくぼ」や南赤石林道周辺の登山口として知られる山犬段など、自然愛好家にとって魅力たっぷりのスポットばかりだ。

長尾川のほとりにある三ツ星オートキャンプ場

駿《する》河《が》徳《とく》山《やま》

青部 ◀ ▶ 田野口

2.0km 150円　　3.1km 190円

国指定重要無形民俗文化財がある街

●久々の駅前商店街

田野口から駿河徳山へ向かう。この区間の乗車時間は5分弱、距離は3.1キロだ。駿河徳山は急行、SLを含めてすべての列車が停車する有人駅で、これに類するのは千頭線の19駅中で6駅（金谷、新金谷、家山、下泉、駿河徳山、千頭）しかない。1日の平均乗降客数は約400人で、この数字は始点と終点を除けば家山に次ぐ多さ。しかし駿河徳山の観光客は夏祭りと紅葉シーズンを除けば家山ほど多くない。ではなぜ乗降客が多いのか？ その理由はすぐ近くに県立川根高校があるからで、乗客の大半は川高（川根高校の愛称）の生徒たちだ。そのため登下校時ともなれば駅周辺は十代の若者に席巻され、大鉄路線としてはかなり特別な光景になる。また駅舎の半分が音楽教室になっていたり、駅舎前にベンチが並べてあったりと、ほかの大鉄駅にはない要素も多く、全

登下校時は川根高校の制服姿で席巻される

体的に人の気配が濃厚。そしてそれを決定づけているのが駅前の商店街だ。

　プラットホームへ上がると線路のすぐ脇に製材所が見え、電気ノコギリのキーンという高い音が聞こえてくる。周辺には丸太と角材が山積みにされ、フォークリフトがその周りを忙しそうに行ったり来たりしているが、積み込む先はトラックだ。ここでも車は鉄道に取って代わり、かつて貨車の線路だったところは駐車場になっている。一抹の寂しさを覚えながら漠然とその光景を眺めていると製材所の方から新鮮な木の香りが風に乗ってやってきた。

徳山浅間神社の鳥居杉

●威風堂々の貫禄
　駿河徳山の観光スポットは決して多くない。しかし質という点においてはほかを凌駕するものがある。その代表格は駅の北方約800メートルにある徳山浅間神社だ。まずここには県指定天然記念物の鳥居杉があり、樹齢約600年という2本の巨木が社殿の真正面に屹立している。左右の杉は微妙に大きさが違い、向かって右側は樹高37メートル、根回り6メートル、そして左側は樹高40メートル、根回り11メートルと若干左側の方が大きい。こうしたことから鳥居杉は夫婦杉とも呼ばれているが、いずれにしても2本の巨木の樹勢はすさまじく、計り知れない大自然のエネルギーに圧倒されてしまう。

　徳山浅間神社にはもう1つ大きな見どころがある。それは国指定重要無形民俗文化財の「徳山の盆踊り」だ。毎年8月15日に行われるこの盆踊りでは、村の若者（本来は20歳の

フォーレなかかわね茶茗館の全容

若者が対象だが近年では中学生によって受け継がれている）が鹿に扮装して踊る「鹿ン舞（しかんまい）」、平安貴族の優雅な舞いがルーツとされる「ヒーヤイ踊り」、そして「狂言」の3演目が繰り広げられ、悠久の歴史を今に伝えている。この3部作で構成される盆踊りの形態は古歌舞伎踊りの初期の仕組みを伝承するもので、これに動物仮装の流れが加わることで、より地域色が強いものになっている。毎年多くの観光客がその勇壮な舞い、優美な踊り、凄艶な振りに魅了されているが、これぞまさしくタイムスリップと言っていいだろう。そしてこの幻想的な世界は、大鉄で向かってこそ価値がある（と私は思う）。1年に1度だけしか見られないので8月15日はほかの予定を入れないように。

●これまた一見の価値あり

今度は駅から南方に下ってみよう。国道362号線に出て大井川を淙徳橋で渡り、道なりに歩いていくと「フォーレなかかわね茶茗館」がある。中川根町によって管理運営されているこのミュージアムは「見て、触って、味わう」をテーマに掲げ、五感を通して中川根の歴史と文化が楽しめる。特筆すべきは「中川根の誇り」というコーナーにある「徳山の盆踊り」の映像で、ここに来れば一年中その幻想的な舞いを鑑賞することができる。もちろん実際の迫力には及ばないが、魅力の一端は感じ取れるはずだ。

また影絵師、藤城清治氏の中川根をモチーフにした影絵も見事。ちょっと大袈裟に言えばこの影絵を見るだけでも茶茗館に来る価値はある。

6点の作品はすべて茶茗館のために製作された原画で、その色彩感と創造力には思わず息を飲む。やはり原画がもつ迫力と美しさは凄い。

　このほかにもお茶の医学的な効能や手揉み技術の伝承など日本茶に関する知識と情報が網羅され、来館者を飽きさせない。さらに1階にある茶室では中川根茶の深い味わいを賞味することができるし、日本茶のおいしいいれ方を習うこともできる。なお駿河徳山の駅から「フォーレなかかわね茶茗館」までの道のりは約1.5キロ。歩いて25分ほどだ。

　さて余談を2つ。茶茗館のスタッフは基本的に中川根町シルバー人材センターから派遣されているが、その事務局長の市川学さんは大鉄のOBだ。大鉄を退職した後、町の観光事業に携わりたいという思いから現在の道を選んだという。大鉄を知り尽くし、中川根の観光事業に精通した市川さんに大鉄の魅力を尋ねてみると「昔のままの姿、何もないという魅力」という含蓄のある言葉が返ってきた。さすがに深い！　この言葉にどこまで迫れるか分からないが、私もこの旅の最後にそんな含蓄のある言葉を残してみたい。

事務局長の市川学さん(右から2人目)とスタッフ

　2つめは塩郷の吊り橋にまつわる話。茶茗館には中川根の生活シーンをスライド上映するコーナーがあるが、その中に目を疑うような映像を発見した。なんと定員3人までの塩郷の吊り橋を10人以上の人が一度に渡っているのだ。茶茗館の女性スタッフに問いただした（！）ところ「あぁ、そんなの全然平気ですよ」と一笑にふされてしまった。そんなものなのか？

青《あお》部《べ》

崎平 ◀ ▶ 駿河徳山

1.1km 150円　　2.0km 150円

吊り橋を叩いて渡る

駅周辺はどことなく郷愁をそそる

●茶畑の中にひっそりと

駿河徳山を出発した列車は、すぐに大井川とともに右へ大きくカーブする。そして短いトンネルを抜けて青部に到着する。この区間の乗車時間は約3分、距離はぴったり2キロだ。青部は駿河徳山と打って変わって駅前には何もない。いや、もちろん民家や茶畑はあるのだが、いわゆる商店や学校などは見当たらない。しかし何もないことの豊かさを再認識させてくれるのに十分な風情と風格をもっている。長い間、風雨にさらされてきた駅舎は深い焦げ茶色に染まり、すぐ脇には1本の桜の木が植わっている。その光景は牧歌的な雰囲気に満ちていて、まるで童話の世界を見るようだ。また、ここも花の駅の1つで、地元の人たちのやさしい心づかいがそこかしこに息づいている。駅舎の中には緑化活動に使うと思われる農機具や土が整然と置かれているが、そのきちんと管理された感じからも地元の人の実直さが伝わってくる。

　蛇足ながらつけ加えておくと、青部の駅へ車で向かうのは容易ではない。しかしアクセスの悪さがタイムカプセルのような役割を果たしているのは事実だろう。その意味で青部はある種の陸の孤島だが、できることならこれからもずっと今のままの姿であり続けてほしいと思う。

旧青部小学校の校舎と校庭

●川地蔵と小学校

　青部の駅から大井川方向に歩いていくとすぐに吊り橋がある。渡ろうかと思ったが塩郷での経験が脳裏をかすめ、とりあえず後回しにする。で、あたりを見まわすと橋の右脇に小さなお地蔵さんが佇んでいる。これは文久2年（1862年）、この地で水難事故が相次いだのをきっかけに村人が建立したもので、青部村川地蔵と呼ばれている。赤い石を奉納すると短命・夭折から逃れられるという言い伝えがあり、実際お地蔵さんの周りには大小様々な赤い石が置いてある。

　さていよいよ吊り橋だ！と思ったが、もうちょっと周囲を散策することにする。すると川地蔵の向こうに

農作業の途中で小休止するおばあさん

古い校舎らしきものがある。近づいて見てみると人気がなく、使われている形跡は薄い。しかし朽ち果てた様子もなく、とてもいい状態で保存管理されている。調べてみるとこの学舎は創立が明治初期までさかのぼる青部小学校で、現在残っている校舎は昭和27年に建てられたものだ。昭和39年には創立90周年を迎えるなど青部の歴史を見つめてきた由緒ある小学校だったが、昭和43年に千頭小学校に統合されて廃校。その後、本川根町の管理のもとで維持保管され、今は大学や会社の研修所として利用されているらしい。

心細げな感じの青部吊り橋

　さて、今度こそ吊り橋だ。いや、その前に赤い石を拾って川地蔵に奉納しなければならない。ところが周辺にそれらしい石はなく、結局また駅の方まで戻ってどうにか赤っぽい石を見つけてきた。で、奉納。これで短命・夭折から逃れられるから、安心して吊り橋を渡ることができるのだ。

●青部吊り橋とハタマ吊り橋

　実は青部には2本の吊り橋がある。駅から向かって1本目は「青部吊り橋」で、長さ１００メートル、高さは10.5メートルだ。塩郷の吊り橋より１２０メートルも短いから楽勝と思いきや、さにあらず。枠組みの木材がどう見ても塩郷より古く、妙に胸が高鳴る。しかしこの本の性格上、渡らないわけにはいかないので、両脇のワイヤーをしっかりつかみながら前進を続ける。ところが歩き出してみると意外に恐怖心がない。その最大の理由は慣れだと思うが、もう1つわけがある。それは2日前の台風で大井川の水量が増えていて、本来なら約10メートル下に見える川面がすぐそこに見えたからだ。濁流がもの凄い勢いで足元を流れて行くのは決して気持ちがいいものではないが、高さを感じないのはありがたい。

　1本目の青部吊り橋を難なくクリアし、300メートル先の「ハタマ吊り橋」へ向かう。この橋は長さ102メートル、高さが10.5メートルでスペックは青部吊り橋とほぼ同じ。違うのは川幅が狭まっていて橋の両端が森にかかっているところだ。だからそれほど長く感じないし結果的にすんなり渡れる。帰りに至っては両手をワイヤーから放しても大丈夫だった。

　吊り橋に対するトラウマを払拭し、意気揚々と復路についたが、地元の人はどんな感じで吊り橋を渡っているのだろうか。近くで農作業をしている人に聞いてみたところ、生活の中で吊り橋を渡ることは意外に少ないらしい。ただし渡ることに関してはまったく恐怖心はなく、両手放しは当たり前、中には不安定な背負いカゴを担いだままとか、自転車に乗って渡ってしまう人もいるらしい。そういえば橋のたもとに「自転車に乗って渡らないで下さい」という注意書きがあったが、本当にそんな人がいるとは驚きだ。というわけで私の吊り橋克服度もまだまだだが、地元の人と言えども自転車で渡るのはやめてほしい。ちなみに橋の定員は両方とも大人4人までだ。茶茗館での映像が頭をかすめるが、やはり定員はきっちり守ろう。なお青部吊り橋を渡った後、ハタマ吊り橋とは反対方向へ川沿いに歩いていくと約20分で次の駅、崎平までたどり着ける。

川地蔵。ここで振り返ると吊り橋がある

さき　だいら
崎平

千頭◀▶青部

2.3km　150円
1.1km　150円

のどかな山村の情緒がたっぷり

●いよいよ始まる渓谷の旅

青部を出ると列車はすぐに大井川を渡る。これでまた大鉄は大井川の西岸を走ることになるが、実はそれもほんの束の間。列車は青部—崎平—千頭の2区間の中で続けざまに3本の鉄橋を通過し、大井川の右岸左岸を行ったり来たりすることになる。これは駿河徳山付近から川が忙しく蛇行を始め、すでに大鉄が起伏に富んだ渓谷の中を走り始めていることを意味するが、それを初めて実感できるのが青部—崎平間の鉄橋だ。乗車時間は約2分、距離にして1.1キロの短い区間だが、沿線の風景が変わっていく瞬間をしっかり見届けよう。

さて崎平。例によって昭和初期の面影を色濃く残した無人の駅舎はすっかりおなじみのスタイルだ。ここも花の駅で、「崎平花の会」というグループが線路の枕木で囲った花壇を駅構内につくり上げている。今でこそ枕木を利用した花壇は街中でも見かけることが多いが、ここ大鉄のそれはまさに筋金入り。つまり大鉄の花の駅はガーデニングブームの先駆者と言ってもいいかもしれない。

だからというわけではないが鉄道やSLに興味をもたない女性でも、このコージーな魅力に包まれた崎平駅

駅舎の向こう側は比較的新しい住宅街

国道362号線の柳崎橋から見る大鉄の橋梁

のどかな農村というイメージがぴったりの富沢地区

を見たら「わぁ、かわいい！」となるのではないか。で、そんな人にぜひ見てもらいたいのは駅員室（現在は使われていない）の中にあるストーブだ。しばらく放置されているのでやや荒れてはいるが、昔の薪ストーブの流麗なフォルムは見る人が見たらほしいと思うだろう。実を言う

青部を出て1本目に渡る橋梁

と私もほしかったりする。

駅舎の旧駅員室に残されているストーブ

●鉄橋を行く列車を撮るなら

わずか2区間に3本の鉄橋が連続する崎平界隈は絶好の撮影スポットでもある。もちろん千頭から先の井川線にも魅力的な鉄橋がたくさんあるが、ことSLの渡橋シーンとなると千頭までが勝負。なぜならSLは千頭から先へは行かないからだ。

さて崎平から歩いて行ける鉄橋は2本。どちらも駅から500メートル程度と近い。1つは駅の西側にある道を青部方面に歩いていくパターン、そしてもう1つはその道を千頭方面に進み、国道362号線の柳崎橋へ向かうパターンだ。

●ホタルの優雅な舞を

季節さえ合えば「ほたるの里」も崎平のおすすめスポットだ。行き方は国道362号線の柳崎橋の手前の道を大井川に沿って上っていくだけ。駅からの道のりは約2キロで、随所に「富沢（とんざわ）ほたるの里」という看板が出ているので迷うことはないだろう。ここは自然の景観を生かした湿地帯で、エリア内には観察道がめぐらされているほか、芝生を張った観察広場もある。ホタルの乱舞が見られるのは毎年6月頃で、数百匹にもおよぶゲンジボタルが演じる光のショーはまさに幻想的。のどかな田園風景の中で繰り広げられる光景は「少年の頃に見た夏」そのものだ。

千頭《せんず》

川根両国 ◀ ▶ 崎平

1.1km 150円　2.3km 150円

ＳＬの汽笛が山間の町にこだまする

●ＳＬの終着駅

　崎平を出て２本目の鉄橋を渡ると列車は千頭駅の構内に入り、徐々にスピードを緩めていく。単線の線路はまるで三角州の河川のように次々と枝分かれを繰り返しながら構内に広がり、その先には多くの列車が待機している。いよいよ千頭線の終着駅、千頭に到着だ。この区間の乗車時間は４分弱、距離は２．３キロ。金谷から一人旅を続けて来た列車は千頭の駅で仲間たちに迎えられ、静かに停車する。

　千頭駅は千頭線の終点であると同時に井川線の起点でもある。だから駅の規模は大鉄の中で一番大きい。構内には出発を待つ金谷行き列車をはじめ、井川線の赤いミニ列車、整備中の電気機関車、展示用のＳＬなどがずらりと並び、駅全体は観光地特有の華やいだ雰囲気に包まれてい

到着してまず気になるのは井川線の列車だ

る。駅舎も鉄筋コンクリート造の近代的な外観で、これまでとはまったく違う感じだ。またそこかしこに駅

大鉄線随一の規模を誇る千頭駅

員の働く姿が見え、若い鉄道員も目立つ。1つ手前の崎平を思い起こすと隔世の感があるが、その光景はある意味で旅の終焉を告げ、同時に新しい旅を予感させる。だから千頭の駅に降り立った時、私の胸中には夢から覚めてしまった寂しさと、まだ見ぬ世界への期待感が渾然としていた。

さて気を取り直して旅を再開する。まず向かったのは中央ホームの崎平側にある国指定有形文化財、転車台だ。転車台は機関車の向きを180度回転させる装置で、これを使えば上り（金谷行）のSLも前向きで走ることができる。ただし使われるのはイベントの時だけで普段は利用されていない。ちなみに動力は人力で、若い鉄道員が4人もいれば動くらしい。眺めていると押してみたくなるが、その希望は叶うはずもない。なおこの転車台はイギリスのランソンズ&ラピア社製で、大鉄に来る前は新潟の赤谷線で使われていた。

転車台から駅舎の方向を眺めると千頭駅の構内を一望できる。真っ先に目に飛び込んで来るのは大正時代の代表的なSL、49616号機（9600形）だ。これは昭和51年に北海道から大鉄に移送されたもので、製造されたのは大正9年。貨車50両を牽引できる力持ちだが、最高時速は65キロとやや遅い。その9600形の脇にはSLの動輪、アプト式のラックレール、子供用のミニS

Lなどが展示されている。

●乗務員ひと筋40年

現在、千頭駅で駅長を務めるのは神谷修史（おさみ）さんだ。神谷さんは昭和36年に大鉄に入社。鉄道人生の9割を乗務員として過ごし、平成11年に千頭駅の駅長に就任した。その神谷さんにSLの醍醐味を聞いてみた。

Q：SLのおもしろさってなんですか？

A：自分が動かしているという実感ですね。シュッシュッというドラフト音を聞いていると、そういう手ごたえを感じます。電車にはそれがないですね。

Q：一人前のSL機関士になるにはどのくらいの期間が必要ですか？

A：大体10年くらいでしょうか。でも今の若い人は飲み込みが早いようです。

Q：これまでで苦労したことというと？

A：昭和51年のSL開業当時ですね。国鉄OBの飯塚さんという人にSLの運転を教わったんですが、最初は坂道をうまく上れなくて、何度か逆走したこともあります。

Q：へぇ～、原因はなんだったんですか？

A：投炭のタイミングと技術です。

Q：投炭って？

A：ボイラーの中に炭をくべることです。投炭は意外に難しくて、漠然とやっていると燃焼効率が落ちてしまうんです。つまりボイラー全体に炭が行き渡るように投げ込まなくてはダメなんです。もちろんタイミン

駅長の神谷修史（おさみ）さん

動輪やアプト式のラックレール

転車台。動かしている様子は改札口脇の写真で

SL教室で使うミニSLを調整する職員

SLのボイラーを模した投炭練習機

グも重要ですよ。

Q：SLにとって一番の難所は？

家山—地名間にある20／1000の登り坂と、笹間渡—地名間のトンネルです。ここのトンネルは線路が濡れていてスリップしやすいんですね。

Q：運転していて困ったことは？

A：機関士は石炭が完全燃焼するように心がけています。その方が燃費

SL資料館に並ぶ型式プレート

もいいし煙の量も少ないからです。でも鉄道ファンは煙をいっぱい吐く方が好きなんですね。そのジレンマはいつもありました。

Q：運転で一番大切なことは？

A：助手との連携です。それは口でどうこう言うもんじゃないんです。ある種の呼吸ですよ。その呼吸が合わないとSLはうまく走りません。

　今でこそ大鉄はSLの第一人者として全国に知られているが、そのポジションを築くまで幾多の苦労があったことは神谷さんの話からも分かる。しかしそうした一つひとつの、そして一人ひとりの積み重ねがあって現在の大鉄があることは間違いない。千頭駅の構内にはSLのボイラーに見立てた投炭練習機という木製の箱が残っているが、その使い古された様子からも当時の職員の真剣さが伝わってくる。

●ちびっ子鉄道員が鳴らす汽笛

　千頭駅の構内を歩いていると大鉄職員の作業服が吊してあるハンガーが目に入る。洗濯物を干すような状態で吊されているので職員のものかと思ったが、よく見るとサイズが大小様々で、どうも様子がおかしい。実はこれ、千頭駅で行われているSL教室用の作業服なのだ。SL教室は子供たちに蒸気機関車の仕組みや構造を知ってもらうイベントで、ゴールデンウィーク、夏休み、紅葉シーズンなどに催されている。構内にあるミニSL（遊園地などで見るととても小さなSL）もその教材の1つだが、なんと言ってもハイライトは現役SLの見学で、実際に機関室へ乗り込んで汽笛を鳴らすことができる。千頭の町を歩いていて頻繁に汽笛が聞こえたら、それはSL教室で子供たちが鳴らしているものだ。

　SL教室は「次代に蒸気機関車を語り継ぐ」だけでなく「世の中のすべてのものが合理性で割り切れるものではない」という感性を子供たちに知ってもらうためにも意義は大きいと思う。なお教室の開催日時は大鉄の鉄道サービスセンターへ連絡すれば教えてくれる。

　千頭駅を出て駅舎伝いに左方向へ歩いていくと10メートルほどでSL資料館がある。ここはSLの型式を

さまざまな遊具が並ぶ智者の丘公園

示すエンブレムや鉄道模型のジオラマなどを展示する所で、室内にはマニア垂涎の鉄道パーツが所狭しと並んでいる。ＳＬ資料館と銘打ってはあるものの、中にはアプト式のラックレールなどもあり、それによると山を登るラック式鉄道にもロッヒャー式、リッゲンバッハ式、シュトループ式など様々な形式がある。つまりアプト式はその内の1種類なのだ。実は当初から「式と言うからには他にも方式があるのではないか」と思っていたが、ここへ来てついにその疑問も晴れたわけだ。

蛇足ながらＳＬ資料館前の公衆トイレ脇には「音入れの滝」というダジャレ風の人工滝がある。

●音をテーマにしたミュージアム

大鉄のＳＬは環境庁（現環境省）が平成8年に行った「21世紀にも残したい日本の音１００選」に選ばれているが、沿線にはそれ以外にも心に残るサウンドスケープ（音風景）がある。たとえばＳＬ車内のアナウンス、駿河徳山の盆踊り、下泉の不動の滝、塩郷の吊り橋の風切り音などなど。そしてその集大成とも言える存在が千頭駅の裏手にある「音戯の郷（おとぎのさと）」だ。音戯の郷は音をテーマにしたミュージアム（博物館）で、館内には世界一大きなオルゴールや3Ｄ映像が楽しめるメディアホールがあるほか、随所に「叩いて音を出す仕掛け」が散りばめられている。もちろん奥大井に生息する野鳥や動物たちの鳴き声も鑑賞でき、さらに簡単な楽器作りを楽しめる工房もある。個人的に興味深

素朴さと上品さのバランスが秀逸な「ぶっかけ」850円

かったのはラベル作曲のボレロを各楽器ごとに聞き分けられるラインシンフォニーと呼ばれる装置だ。バイオリン、コントラバス、スネアドラム、オーボエ、ホルンなどのパートがどんな旋律を奏でているか一目瞭然、いや一聴瞭然なのだ。もしＣＤにもこんな分解機能があったらさぞかしおもしろいだろう。

　ということで「音戯の郷」は音楽に興味がある人はもちろん、そうでない人でも十分に楽しめる。特に私のように「何かを叩いて音を出すこと」が好きな人にはおすすめのスポットだ。ちなみに館内に入る前の広場に線路でつくったチャイムがあるが、その音階がちょっと怪しくておかしい。千頭に行ったら一度叩いてみよう。

●駅前に並ぶ店の数々

千頭駅前には売店、食堂、観光案内所などがズラリと並んでいる。大鉄の32駅中でこれほどの商店街があるのはここだけだ。その様子はいかにも観光地然としているが、それはそれで妙に心浮き立つものがある。これなら井川線の出発まで時間がある場合でも暇をもて遊ぶことはないだろう。

　さてその駅前商店の中にちょっと有名なそば屋がある。駅の真正面から左斜め前方に見える「丹味（たんみ）」という店がそれだ。ここは丹羽文隆さんという人が経営する手打ちそばの店で、あっと言う間に売り切れてしまうことで知られている。もちろんその理由はそばのうまさだが、営業時間が午前11時半から午後1時半の2時間に限られているうえに、そばがなくなり次第その日はおしまい。だから行楽シーズンなどは早めに行かないと食べられない。おすすめは大根おろし、天かす、のり、わさびがトッピングされている「ぶっかけ」850円。確かな歯ごたえと滑らかな喉越し、そして香り立つそばの味わいはまさに逸品だ。丹羽さんは「やるべきことを当たり前にやっているだけ」とどこまでも謙虚だが、その姿勢は大鉄のSLにかける情熱と一脈通じるものがある。11時半という開店時刻は11時17分千頭着のSLとぴったり合っているので、SLと丹味のそばをセットで味わう人も多く、店内はいつもにぎわっている。ちなみに千頭駅長の神谷さんをはじめ、大鉄職員もよく行くらしい。

●山間にこだまするSLの汽笛

千頭駅から少し歩いてみよう。駅前ロータリーから真っ直ぐにのびる道を進み、井川線の線路を越えると、すぐに大井川に架かる川根大橋がある。これを渡ってガソリンスタンドを左折、しばらく歩くと「智者の丘公園」を示す看板が見えてくる。あとはその指示通りに山道を上って行けば千頭駅と千頭の町を一望できる「智者の丘公園」に出る。駅からの所要時間は約40分だ。

智者の丘公園には遊具、トイレ、休憩所、駐車場などがある。山から空へ大きく突き出た展望台からは千頭駅の全貌を見渡せ、肉眼でもSLや井川線のミニ列車を確認することができる。またここで聞くSLの汽笛は周囲の山々によくこだまし、心にもよく響く。汽笛はどこで聞いてもいいものだが、「智者の丘公園」で聞くそれは確かに格別の趣があるようだ。

視線を大井川の上流方向へ転じると井川線の軌道が見える。千頭にはまだまだ見どころがいっぱいあるが、そろそろ井川線の旅を始めなければならない。果たしてこの先にはどんな旅が待っているのか。期待に胸を躍らせながら山道を下り、千頭駅へ向かう。ちなみに「智者の丘公園」から川根両国駅まで歩いて向かっても千頭駅までの距離と大差ない。

ここから始まるミニ列車の旅

●登山鉄道を実感

いよいよ井川線に乗り込む。井川線は昭和10年、大井川電力が発電所の建設資材を運ぶために千頭から奥泉に敷いた専用軌道がはじまり。その後、昭和27年に中部電力が井川ダムを建設するために線路を井川まで延長し、昭和32年に井川ダムが完成するとそのすべてが大鉄に移管され、昭和34年に営業運転を開始している。総延長は25.5キロ、所要時間は1時間45分、起点と終点の標高差は約４００メートル、駅の数は14、鉄橋の数は55、トンネルの数は61もある。客車を引っ張るのはＤＤ20型という小型のディーゼル機関車で、客車もトロッコ列車のように小さい。これはトンネルの内径が小さく、また軌道に急カーブが多いからだが、線路の幅（ゲージ）は１０６７ミリと大鉄千頭線やＪＲ在来線などと変わらない。

さて井川線に乗る時のアドバイスを１つ。座席は最後尾の客車の右側がベストだ。多くの観光客が先頭車両に乗りたがるが、こと井川線に関しては最後尾がいい。その方が線路の勾配を実感できるし、カーブ走行時に窓から見える先頭車両も絵になるからだ。また右側というのは列車が大井川の西岸を走ることが多く、ビューポイントのほとんどが右手にあるというのが理由。

ということで最後尾車両の右側に座って発車を待つ。やがて車掌の出発アナウンスがあり、列車はコトンという乾いた音を発して動き出す。千頭から川根両国までの距離は1.1キロ、所要時間は約4分。さすがに登山鉄道、速度はかなりゆっくりだ。

●井川線の車両基地

川根両国に到着してまず驚くのはホームの幅。これを果たしてホームと呼んでいいのだろうかと疑うほど幅が狭く、目算で約1メートルしかない。長さは50メートルほどあるが、その長さがかえって幅の狭さを強調しているようだ。また線路とホームの段差がほとんどなく、感覚としては軌道内に立ち入ってしまったような心細さがある。千頭線で19の駅を見てきたが、このシンプルさは千頭

両国吊り橋の踏破レベルは初級〜中級。それほど怖くない

線にないもので、やはり千頭線と井川線はまったく趣が異なる。

と書くと、川根両国駅は無人駅と思うかもしれないが、実は有人駅なのだ。その理由はホームの裏手にある井川線の車両基地で、倉庫の中には機関車や客車がこぢんまりと収められている。千頭と川根両国の関係は千頭線の金谷と新金谷のそれと同じで、車両の整備点検はすべて川根両国で行っている。ちなみに駅舎は鉄道員が利用するもので一般の人が立ち入ることはできない。だから川根両国は実質的には無人駅と言った方がいいだろう。

●両国吊り橋とグリーン広場

ホームに降り立ち、山側の出口から駅を出る。そのまま民家の庭先につながっていそうな細い道を上っていくとすぐにT字路があるので、そこを右折。50メートルほど歩くと両国吊り橋に出る。この橋は井川線と大井川をまたぐ橋で、長さ145メートル、高さは8メートルだ。構造自体は塩郷や青部のものと大差ないが、歩道が完全に木で覆われているので恐怖感はほとんどない。だから私でさえ物足りなさを感じるほどで、両手放しでスタスタと渡ってしまった。もちろん途中でカメラを構えるのも全然平気。もう携帯電話が鳴ってもビクともしない。それでもほかの観光客はちょっと及び腰で、両脇のワイヤーをしっかりつかみながらソロリソロリと渡っている。それを見て優越感を味わったが、塩郷の時は私が地元の人にそう思われていただろう。

さて橋を渡り切るとすぐに売店があり、そこからさらに下ると「前山グリーン広場」という、ちょっとした公園とキャンプ場に出る。ここは特に目立った設備はないものの、駅から近く、また車のアクセスもいいので、軽めのデイキャンプにおすすめだ。また吊り橋の横に架かる両国橋（県道77号線）の西岸下流域にある雑木林にはカブト虫やクワガタなどの昆虫がいっぱいいる（らしい）。ただし地元の人によると「最近は少し減ってきた」とのこと。蛇足ながら甲虫は日中、土の中にもぐってしまうので狙い時は早朝か夕方だ。

ちょいと立ち寄りコラム

〈SL以外にも魅力的な電車が〉

ＳＬだけが大鉄の魅力じゃない。古き良き時代を思わせる電車もまた旅情をあおる要素として多くの鉄道ファンや観光客から人気を集めている。

たとえば京阪本線で使われていた特急電車「京阪電気鉄道３０００系」、名古屋線走っていた「近畿日本鉄道４０２系」、高野線で使用されていた「南海電気鉄道２１００系」など、日本各地で活躍してきたノスタルジックな電車が今も元気に大鉄路線を走っている。

実際、今回の旅でいろんな電車に乗ってみたが、それぞれに個性と表情があり、何度乗っても飽きがこない。そこには幼少の頃、両親の手に引かれて旅した時の映像があり、よそ行きのお洒落着を着ながら、ちょっと緊張しつつも高揚し、そして好奇の目で車窓から外を眺める自分の姿を見ることができる。

アプト式と呼ばれる登山鉄道も国内では大鉄だけだ。アプト式は急坂で列車が滑らないように線路の中央に敷設したラックレールと機関車のギアを噛み合わせて走るもので、スイス人のローマン＝アプトが考案したところからこう呼ばれている。大鉄では井川線（千頭―井川間）の「アプトいちしろ駅」から「長島ダム駅」の1.4キロ間にあり、90／１０００（１０００メートル走るごとに90メートルを上る）という日本一の急勾配を、赤と白のツートンカラーに塗られた列車（機関車はＥＤ90型）がカタカタと上って行く。その勇姿はスイスの登山鉄道を思わせ、それもまた大鉄の魅力の１つになっている。

（写真は口絵参照）

沢《さわ》間《ま》

土本 ◀ ▶ 川根両国

1.5km 150円　　1.3km 150円

井川線初の無人駅

千頭への森林鉄道があったため構内は想像以上に広い

●昭和中期の木造駅舎

　井川線の各駅間の距離はだいたい1.5キロ前後。所要時間は線路の勾配によってまちまちだがおおむね5分前後といったところだ。また61あるトンネルの合計距離は約8キロで、これを井川線の総延長と比較すると全体の約3分の1がトンネルということになる。ただし各トンネルは大して長くないので「いつもトンネルの中を走っている」という印象は薄い。ちなみにトンネルはほとんどが手掘り。だから内壁にはツルハシで叩いたような痕があり、工事をした人の苦労がしのばれる。苦労ついでに書くと線路脇に積み上げられた石垣も見どころの1つ。人力で丁寧に積まれた石垣は深く苔むしているが、半世紀以上を経た今でも堅牢さは損なわれていない。

　というわけで先人の仕事ぶりに感心しながらコトコトと列車に揺られること1.5キロ。ミニ列車は沢間に到着する。ここもホームと線路の段差がほとんどない。駅舎は昭和34年に建てられたもので、一見千頭線内にあった木造駅舎と似ているが、よく見ると窓や壁の色合いに若干年代の差を感じる。駅舎内にあるのは時刻表だけ。しかし駅全体の趣はなかなかファンタジックで、井川線初の無人駅というイメージがぴったりくる。こういう駅は千頭線はもちろん、井川線でもありそうでない。

　さて沢間にはもう1つ顔がある。それはかつて東京営林局の森林鉄道が沢間から寸又峡温泉まで通っていたという事実だ。その鉄道の起点はあくまで千頭だが、線路を沢間まで井川線と共用していたので、純粋な森林鉄道の軌道という意味ではここがスタート地点になる。往時は木材輸送のほかに寸又峡温泉への湯治客を運ぶ足として活躍したが、車の発達に伴って昭和44年に廃線。その線路跡は今も林道として残っている。ただし林道は途中で一般車両の通行を禁止しているので、廃線跡をたどって寸又峡温泉まで行くことはできない。

●なんにもない魅力

沢間から歩いて行ける観光スポットはないに等しい。だからこの駅で乗り降りするのは地元の人以外にほとんどいないだろう。しかも一旦降りたら最後、次の列車が来るまで短くて1時間、場合によっては2時間も待たねばならず、その意味でもこの駅に降り立つ観光客はいないはずだ。しかしその事情を知ったうえであえて下車してみると、ちょっと得した気分になる。もちろんその得とは実質的なものではなく「こんな酔狂なことをするのは自分くらいだろう」という、どこかナルシスト的な感覚だが、たまにはそんな気分に浸ってみるのも旅の楽しみだ。

と言ってはみたものの、さて何をするか。周囲を見まわしてもあるのは茶畑と少々の民家だけ。「池の谷キャンプ場」を示す看板が近くに出ているが、歩いて行くには遠すぎる。仕方がないのでしばらく界隈を散策しながら山の緑や大井川の清流を楽しみ、結局沢間の駅で次の列車を待つことにした。背中からザックを降ろし、ホームにどっかり座り、持っていた文庫本を広げ、蝉時雨を浴びながらゆっくり読書を楽しむ。時折涼しい風が頬をかすめ、頭の上を山鳥が通過していく…。

確かに沢間周辺には何もない。しかし気持ちを切り替えれば何かを発見できるかもしれない。少なくとも私はここで時間を見つけることができた。それは普段では決して味わうことができない穏やかで静かな時の流れだった。

軌道幅1067ミリと比べると極端に狭いホーム

ちょいと立ち寄りコラム

〈都会からやって来るIターン帰郷〉

老後は風光明媚な所で過ごしたい。そう思う人は多いだろう。事実、大鉄が走る各町にも都会から移り住む人は少なくなく、Uターンならぬ I ターン帰郷者も増えている。その人たちが大鉄沿線を選んだ理由は「お茶がおいしいから」、「ありのままの自然があるから」、「日本の真ん中だから」と様々だが、2番目の理由は？　と聞くとほとんどの人が「大鉄があるから」と答える。これにはSLに対するノスタルジックな思い入れがあると同時に「何かあった時、近くに鉄道が走っているのは心強い」という意味も含まれているらしい。

〈家山駅の木製改札の秘密〉

家山駅の改札口にある木製のゲート。実はこれ、本来は鉄製のパイプでできていて、今でも細部をのぞき込むと中にパイプが見える。なぜこんな構造になっているのか？　理由は映画のロケ。つまり鉄の改札ゲートでは映像的に見栄えが良くないのでパイプを木枠で覆ってしまったわけだ。映画は浅田次郎原作、高倉健主演のあの映画だが、雪国北海道のロケをこんな温暖な所で行っていたとはちょっと驚きだ。

ちなみに抜里や青部にある木製ゲートはまったくの本物。家山のものと意識して見比べてみるとその違いは歴然だ。

〈千頭駅前にできる車の列〉

夕方のある時間帯になると千頭駅前に突然車の列ができる。それはタクシーでも送迎バスでもない、ごく一般的な乗用車の列だ。「普段は穏やかな駅前なのに」と訝っていると、やがて改札から川根高校の生徒たちがドッと溢れ出て来る。その数およそ30～40人。そして各々が駅前の車に乗り込んでいく。つまり車の列は彼らを迎えに来た家族なのだ。時間にしてわずか数分の出来事だが、あまりの連携の良さに感心してしまう。興味がわいたので残っている生徒に取材してみようと声を掛けたら何となく避けられた。女子高生を取材するのは難しい！

土《ど》本《もと》

川根小山 ◀ ▶ 沢間

1.9km 150円　　1.5km 150円

寸又川と大井川の合流地点

●なんにもない駅パートⅡ

　沢間で約60分の列車待ちをしたが、基本的に井川線の旅は綿密な計画が必要だ。なぜなら井川線は列車の運行数が限られていて、しかもシーズンによってダイヤが違うからだ。たとえば千頭発の列車はハイシーズンでも8時45分から18時28分の間に9本。つまり1時間に約1本しかない。また千頭から接岨峡温泉までは年間を通して毎日運行されるが、接岨峡から井川までは季節運転になる。さらに行楽シーズンだけの列車もあるのでオフシーズンの発着数はもっと限られる。というわけで実際のところ井川線を各駅停車で旅するのはかなりきつい。あえてネタばらしをすると今回の取材も14駅を延べ5日間で行っている。しかしそれに相当するだけの価値は十分にあるので、周到な計画を練って出かけてみよう。

　さて土本駅だ。沢間からの距離は1.5キロ、乗車時間は約5分だ。ここも無人駅で、近くに目立った観光スポットはない。だから沢間同様、乗り降りするのは限られた地元の人だけで、観光客が利用することは滅多にないだろう。沢間との違いはホームが高いこと、と言ってもせいぜい15センチくらいだが、少なくとも線路とホームの境界を示す役割は果たしている。また駅舎と呼べるものはなく、あるのは雨風をしのぐ囲いだけだ。駅のすぐ脇には舗装された生活道路があり民家も近い。だから沢間より人の気配があるが、実際に人影を見ることは少ないと思う。

●寸又川に架かる橋

次の列車が来るまで再びホームで読書にふけるのも芸がないので、少し歩いてみよう。向かったのは大井川とその支流、寸又川の合流地点に架かる鉄橋だ。土本に到着する前に列車で渡った橋だが、どことなく風情があったので、もう一度確かめてみようというわけだ。行き方は土本駅の脇の道をそのまま沢間方面へ進むだけ。5分も歩けば鉄橋を一望できる地点にたどり着く。

この橋へ来た道をそのまま進むと、すぐに右手にトンネルが現れる。それを通り抜け2キロ程度歩くと「池の谷キャンプ場」がある。ここはアカマツ林の中にあるキャンプ場として一部のキャンパーに有名で、バンガローやシャワー棟も完備されている。こんもりとした雑木林が川に迫り出した島のような景観は「子供の冒険村」といった感じで、川根小山（土本の1つ先）の近くにある「八木キャンプ場」とは雰囲気がまるで違う。あえて言うなら池の谷は落ち着いた風情をもつノスタルジック系のキャンプ場、対する八木は広くて明るいオープン系のキャンプ場だ。

3つの川が交わっている三又峡に架かる寸又峡川橋梁

川《かわ》根《ね》小《こ》山《やま》

奥泉 ◀ ▶ 土本

1.7km 150円 / 1.9km 150円

大井川水系発電発祥の地

●どこかアルプス的な風情

土本を発って1.9キロ。トンネルを抜けるとふっと視界が開ける場所に出る。そこが川根小山だ。視界が開ける理由は線路が3本あるからで、本線以外はごく稀に貨物列車の待避線として利用されている。駅舎（と呼ぶには多少抵抗があるが）はログハウス風の新しいもので、オープンな駅の雰囲気によくマッチしている。その様子はどこかアルプス的な印象があり、スイスの登山鉄道を思わせる。陽光に透かされた木の葉の中を走るミニ列車は、清々しくも勇ましく、とても絵になる光景だ。

列車を見送り構内を見回すとホームの向こうに「一駅一話題」という看板がある。それによるとここ川根小山には、かつて日英水電という会社の水力発電所があり、島田や浜松に電気を送っていたらしい。発電所が建設されたのは明治43年と大井川水系の発電所の中で最も古く、また

構内を走り去るミニ列車

それはダム水路発電として中部5県下で最初だったという。しかし昭和11年、下流に大井川発電所ができて廃止され、今は何も残っていない。

　それにしても一駅一話題の看板はありがたい。これでこの先も救われるかもしれない。と期待は膨らんだが、結論から言うとこの手の看板がある駅はほとんどない。事実、沢間や土本にもなかったわけで、やっぱりネタは自分で探すしかないようだ。希望としては今後は一駅一話題の看板を各駅に配置するときのネタはこの本から・・・。

歩道が広い小山吊り橋

●小山吊り橋を渡る

　川根小山の駅から川の方へ下っていくと数百メートルで赤い色をした小山吊り橋がある。詳しい資料がないのでスペックは定かではないが、推定で長さは100メートル、高さは7~8メートルくらいだ。この橋も両国吊り橋と同じように歩道部分が完全に木で覆われているので恐怖心は湧いてこない。揺れに関しても別段激しいところはなく、結果的にスイスイ渡れてしまう。塩郷から始まった「吊り橋シリーズ」はこの小山で通算5本目になるわけだが気分的にどんどん楽になる。やはり慣れというのは大きいのか、それとも吊り橋の構造上で楽になっているだけなのか、それはまだ分からないが、いずれ寸又峡にある「夢の吊り橋」で明らかになるはずだ。ちなみに小山吊り橋の重量制限は1.5トンまで。一人あたりの体重を80キロとやや重めに想定しても18人まで同時に渡れる計算だ。とすると塩郷の久野脇橋の「大人4人以上で渡らないで下さい」という注意書きは妙に慎重

白沢温泉もりのいずみ

過ぎないか。駿河徳山の茶茗館の女性も「10人くらい平気ですよ」と言っていたし…。それに塩郷ダムの橋の重量制限が2トンなのに対し、この小山吊り橋が1.5トンというのも不思議だ。一体、橋の重量制限とはどのような基準で設けられているのか。しかし私が考えたところで結論が出るわけもなく、さらに後で責任を追及されても困るので、とにかく橋の重量制限はきっちり守って渡ろう。

●一大アウトドアリゾート

吊り橋を渡り、道なりに進むとやがて県道77号線に出る。それを右折してしばらく歩くと左側に「奥大井グリーンリゾートもりのくに」という看板があるので、その指示に従ってどんどん行くと、駅から約30分で温泉やキャンプ場などが集まる一大リゾートエリアに出る。

まず見えてくるのは白沢温泉「もりのいずみ」。ここは神経痛や疲労回復に効果があるナトリウム炭酸水素塩泉の健康増進施設で、7種類の浴槽で日帰り温泉が楽しめる。その先には宿泊施設「もりのくに」があり、8棟のログハウスのコテージ、テニスコート、フィールドアスレチック風の子供広場などがオシャレに並ぶ。さらにその先には「八木キャンプ場」がある。ここは広い河原と木立ちからなる開放的なキャンプ場で、清潔感あふれる充実した設備がウリだ。このエリアは本川根町と民間によって管理運営され、目の前にある大井川は平成15年の静岡国体のカヌー競技会場にもなっている。施

設間の連携もばっちりで、たとえば「八木キャンプ場」や「もりのくに」を利用した人は「もりのいずみ」の利用料金が1日1000円から500円になる。ついでに書くと土本の先にあった「池の谷キャンプ場」の利用者にも同様の割引がある。

というわけでこの界隈は本川根町の新しいリゾートエリアになっている。自然の景観を壊さないで観光産業を考える姿勢は好感度120％だ。なお車で向かう場合は県道77号線を千頭から北上していけば5分程度で案内の看板が見えてくるので、あとはその指示に従えばいい。千頭駅からの所要時間は10分もかからない。

本格的な設備をもつ八木キャンプ場

奥《おく》泉《いずみ》

アプトいちしろ ◀ ▶ 川根小山

2.4km 150円　　1.7km 150円

寸又峡温泉の玄関口

●常時3人が勤務する有人駅

川根小山から1.7キロ。大鉄井川線は有人駅の奥泉に到着する。この駅はちょっと変わっていて駅舎が商店とつながっている。別の言い方をすれば1つの細長い建物に駅と商店が同居しているような恰好だ。駅舎の中は比較的広い待ち合い室になっていて、壁には観光マップや観光案内が幾つも掲示されている。また出札口のすぐ横のショーケースには記念メダルなどの行楽グッズが並び、いかにも寸又峡温泉の玄関口という雰囲気だ。しかしここの特徴はなんと言っても常時3人の職員が勤務していることで、それぞれの役割は出札係、改札係、列車扱いに分かれている。

無人駅に比べて掲示物の色彩が妙に眩しい

ここで駅長を務めるのは昭和34年に大鉄に入社した山下匠一さんだ。山下さんはほぼ40年にわたって奥泉

を見てきた人で、60歳の時に定年を迎えたが、そのまま嘱託として奥泉に残っている。また山下さんが休み

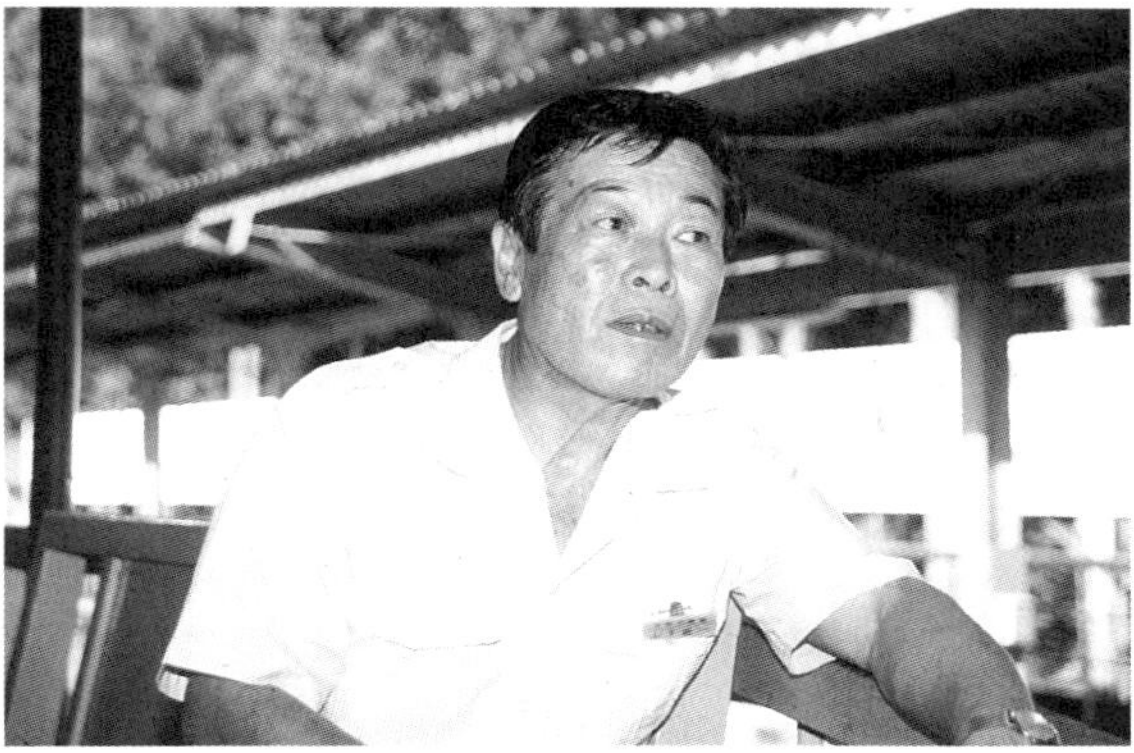
奥泉で駅長を務める山下匠一さん

の時は大矢民代さんという女性が駅長代理を務める。大矢さんは大鉄の中で唯一駅長代理の肩書きをもつ女性で、いわば大鉄井川線のホープだ。現在は奥泉と井川を行ったり来たりしながら両駅を掛けもちで勤務しているが、やがては正式に駅長になることを多くの仲間から嘱望されている。平成4年から大鉄で働いている大矢さんは家庭もしっかり守る「お母さん駅長」だが、その働きぶりはどこまでも凛々しく、清々しい。

その大矢さんに話を聞いてみたところ、入社当時は出札と改札業務だけだったそうだ。しかしそれでは物足りず、資格を取って列車扱いまでするようになったという。駅長代理を実感するのはどんな時？　と聞くと「自分の合図で列車が動く瞬間」とのこと。その様子を私も見せてもらったが、責任感に満ちたキビキビした動作には仕事にかけるプライドがにじみ、まさに「かっこいい！」という形容がぴったりだ。

駅長の帽子が凛々しい大矢民代さん

●下開土遺跡

大鉄の新たな魅力を発見して足どりが軽くなったところで、駅から数十メートルのところにあるバス停に向かった。何気なくバス停と書いてしまったが、大鉄全線の32駅中で駅前にバス停があるのはごくわずかしかない。そしてここになぜバス停があるかと言えば奥泉は寸又峡温泉の玄関口にあたるからだ。

そのバス停の前に縄文時代風のちょっと変わった建物がある。実はこれ、公衆トイレだ。でもなぜ縄文風なのか。それはこの地に下開土（したのかいと）遺跡という縄文時代の遺跡があるからで、トイレの脇には出土品や説明書も展示されている。それによると下開土遺跡は縄文時代前期から晩期（6000〜2000年前）にかけての集落跡で、日本の関東と関西の文化を分ける貴重な資料になっている。発見したのは藤枝東高校の郷土研究部、発掘は昭和26年とある。

バスロータリーと下開土遺跡をイメージしたトイレ

せっかくだからトイレの中にも入ってみた。すると外見は縄文風なのに中は普通の公衆トイレだった。ただし性別上、男性用しか確認できなかったので、ひょっとすると女性用には何かおもしろい仕掛けがあるかもしれない。たぶんないとは思うが…。

さてここで初めて鉄道を離れ、バスに乗る。奥泉から寸又峡温泉行きのバスは1日に13本。乗車時間は約30分だ。発着時刻は鉄道との接続をほぼ考慮してある。なお寸又峡温泉行きのバスは千頭駅前からも出ていて、その所要時間は約40分だ。蛇足ながらバス会社は大鉄バス。

●寸又峡温泉

大鉄バスは約11キロのつづら折りの道をなぞって寸又峡温泉に到着する。寸又峡は「21世紀に残したい日本の自然100選」や「新日本観光100選」に選ばれた日本を代表する景勝地の1つだ。南アルプス国立公園に属し、かつては皇室の御料林でもあった。濃密な自然が今なお残る渓谷にはカモシカ、ヤマネなどの天然記念物をはじめ、ツキノワグマ、ニホンザルなどの動物が数多く棲息し、野鳥の宝庫にもなっている。

寸又峡プロムナードコースの始点に近い土産屋

寸又峡温泉というと40歳以上の人は昭和43年の金嬉老事件を思い出してしまうが、当時は旅館14軒、収容人員600人の小さな温泉街だった。それが現在では年間45万人の観光客が訪れるまでになったという。千頭から寸又峡温泉の森林鉄道が廃線になったは昭和44年だから、ちょうどその頃から観光地として急速に発展したことになる。しかし行楽客が急増したとはいえ、猥雑で喧噪とした温泉街という印象は微塵もなく、いい意味で枯れた風情を感じる落ち着いた保養地になっている。また温泉は硫化水素系単純硫黄泉で、源泉は摂氏43・7度。美肌効果に優れた「美人づくりの湯」として名高い。

能書きはいい。とにかく温泉だ！という人におすすめするのは400円を支払えば誰でも入浴できる町営露天風呂だ。本当ならしっかり宿に泊まって温泉三昧といきたいところだが、今回は時間がなくて…という私のような人にはありがたい存在だ。で、実際に入ってみたのだが本当に肌がツルツルすべすべになる。おかげで入浴後はちょっと男前になった。

●吊り橋シリーズのハイライト

いよいよ吊り橋のハイライト「夢の吊り橋」へ。アクセスとなる道が車両全面通行止めなので吊り橋へは徒歩で向かうしかない。しかし大自然を満喫する意味でも行く価値は十分にあるので焦らず急がずのんびりと歩いてみよう。

資料によると「夢の吊り橋」の長さは90メートル、高さは8メートルでスペックは塩郷の久野脇橋と比較にならない。しかしワイヤーの質感や歩道部分の心細さは久野脇橋とほとんど同じで、さらに周囲の美しすぎる景観が妙に恐怖心をあおる感じになっている。で、実際に渡ってみたところ、さすがにハイライトだけあって揺れは大きい。足元に渓谷の川面がスカスカに見えるのも心許ない。ところが慣れのせいかそれほど恐いとは思えず、途中で写真撮影まで平然とやってのけた。それでも周囲の観光客を見ていると皆かなり及び腰で、中には途中で固まって動けなくなっている女性までいる。やはりこの吊り橋は中級～上級者レベルと言っていいだろう。

と、脅かすようなレポートになってしまったが、夢の吊り橋は景勝地、寸又峡の中にあってもハイライトの1つだ。事実、吊り橋から見る渓谷美はまさに絶景で、その美しさは息をのむほどだ。

●飛竜橋を見にいく

吊り橋を渡るとすぐさま急な登り坂が現れる。吊り橋で腰を抜かした人はさらにここで膝が笑い、心臓が飛び出しそうな症状に見舞われるが、その苦労は坂を上り詰めて尾崎坂展望台に出た瞬間に報われる。南アルプスの景観を一望できるこの展望台は屋根のある休憩所で、笑った膝と高鳴る心臓の鼓動を抑えるには絶好の場所だ。特に紅葉シーズンは夢のような景色を満喫できる。

弾む息を整えてから「飛竜橋（ひりゅうばし）」へ向かう。「飛竜橋」はかつて森林鉄道のトロッコ列車を通すために建造された鉄道橋で、

夢の吊り橋。秋から川面がエメラルドグリーンに

「夢の吊り橋」と並んで寸又峡を代表する橋の1つに数えられている。当初は吊り橋だったが森林鉄道の廃止に伴って橋が架け代えられ、その後、林道として車道化、さらに今では一般車両の乗り入れが禁止されているため、人と自転車以外は渡ることができない。なおこの地を走っていた森林鉄道の機関車と客車は寸又峡温泉の入り口にある駐車場で見ることができる。

今回紹介した温泉街―夢の吊り橋―尾崎坂展望台―飛竜橋―温泉街という周遊コースは寸又峡プロムナードコースと呼ばれるものだ。所要時間は約90分。体力的にややきつい所もないではないが、ゆっくり歩けば基本的に誰でも回れるので寸又峡温泉に行ったら一度は歩いてみよう。

アプトいちしろ

長島ダム ◀ ▶ 奥泉

1.5km 2.4km
150円 150円

待ちに待ったアプト式鉄道

日本一の急勾配アプト区間を上る井川線のミニ列車

列車を坂の上へ押し上げる電気機関車ED90型

●電気機関車を連結する

寸又峡温泉からバスで奥泉に戻り、井川線の旅を再開する。駅長代理の大矢さんの合図で出発した列車は途中、はるか上空に架かる泉大橋を仰ぎ見ながらコトコト進み、2.4キロを走破してアプトいちしろに到着する。

アプトいちしろ駅から長島ダム駅の間、通称アプト区間には90／1000という日本一の急勾配がある。そこを線路の中央に敷設したラックレールと機関車のギアを噛ませて上るのがアプト式鉄道だ。以前は碓氷峠（信越本線の横川―軽井沢間）にも同様の方式があったが、現在それを見られるのは大鉄だけだ。しかし大鉄にアプト式が登場したのは平成2年とそれほど昔ではない。ではなぜこの地にアプト式鉄道が生まれたのか。その理由は長島ダムにある。つまり、ダムの建設に伴って川根市代駅から川根長島駅までが水没→その区間に新線を敷く→新線と在来線に標高差が生じる→アプト式でそれを連結する→ということだったのだ。ちなみに新線区間は現在のアプトいちしろから奥大井湖上を結ぶ4.8キロ。線路の標高を一気に引き上げるアプト区間は1.4キロだ。参考までに書くと箱根登山鉄道の急勾配は80／1000。

さて駅に到着すると車掌には大きな仕事が待っている。それは電気機関車の連結だ。実はアプト区間では

意外に開放的な駅。線路にラックレールも見える

ＥＤ90型という専用の電気機関車が列車を坂の上に押し上げる方法を採っているので、ＥＤ90型を列車の最後尾に連結しなければならない。作業自体は5分程度だが、車掌や乗務員の手際が見事なので、ここで下車する予定がなくても一旦ホームへ降り立って連結風景を見学してみよう。なお察しがいい読者は既に気づいていると思うが、井川線はアプト区間だけ電化されている。

●ＥＤ90型の車両基地

つけ替え新線で建てられただけあってアプトいちしろの駅はずば抜けて新しい。駅舎はもちろん、線路や枕木の色、ホームの質感、駅名を示す看板など、構内のあちこちで新しさを実感できる。線路脇にあるＥＤ90型の格納庫やスイス風のたたずまいを見せるトイレもピカピカだ。し

ディーゼル機関車と電気機関車を連結する車掌さん

かしここの見どころはなんと言ってもアプト式のラックレールに尽きるだろう。ラックレールは千頭の駅に

普通の線路とラックレールの接続部分

も展示してあったが、やはり実際のリアリティーにはかなわない。また普通の軌道がアプト式に切り替わる部分も一見の価値ありだ。ラックレールの歯が少しずつ大きくなっていく様は妙に説得力がある。なお駅全体の様子は寸又峡温泉に行く途中の峠から見下ろすことができる。

さて駅から周辺に目を転じると奥泉方向に無骨な吊り橋が見える。これは「市代吊り橋」といって、昭和11年に木材輸送用の鉄道橋として建造された。昭和29年の道路化に伴い改修を受けているが、鉄道用吊り橋の構造をよく残していて平成12年には産業遺産にも認定されている。寸又峡にあった「飛竜橋」もかつてはこんな感じだったらしい。長さは106メートル、重量制限は8トン以下。電力施設の入り口に通じているため、一般の人は渡ることができない。

鉄道橋の面影を残す市代吊り橋

長《なが》島《しま》ダム

ひらんだ ◀ ▶ アプトいちしろ

1.2km 150円 ／ 1.5km 150円

コンクリートの要塞が眼前に迫る

●標高差89メートルをゆっくり上る

「アプトいちしろ」の駅を出ると列車は大きく左に弧を描く。そしてそのカーブが終わるといよいよ日本一の急勾配だ。電気機関車ＥＤ90型はジェットコースターが坂を上る時のようなキコキコ、キシキシという金属音を発しながら列車を押し上げ、着実に高度を稼いでいく。この時の先頭車両と最後尾車両の高低差は約5メートルに達する。しかしこれで驚いてはいけない。行楽シーズンに客車を倍増して上る時はその差が約10メートルにもなるのだ。10メートルと言えばビルの4～5階に相当する高さ。さすがに日本一の急勾配だ。だからと言うわけではないが、上る速度は時速約17キロと遅く、それゆえにアプト式を楽しむ時間はたっぷりある。右の車窓から見える景色も素晴らしく、ぐんぐんと高度が増し、どんどん視界が広がっていく様子を眺めていると、やがて右前方に巨大なコンクリートの要塞、「長島ダム」が迫ってくる。その巨大さに驚愕していると列車は長島ダム駅に到着する。

　長島ダム駅の海抜は485メートル。それに対してアプトいちしろ駅は396メートル。つまりこの区間

で列車は89メートルも坂を上った計算になる。千頭と井川の標高差が約400メートルだから、全体の約4分の1をたった1区間で上ってしまったわけだ。

さて長島ダムの駅に着くと車掌はすぐにED90型の切り離し作業にかかる。そして切り離された列車は次の駅に向けて出発し、残された電気機関車は後でやってくる千頭行の列車を長島ダムの駅で待ち受ける。私もED90型と一緒に井川行の列車を見送ることにした。

●真新しいスイス風の駅舎

目の前に屹立するダムとは対照的に、長島ダムの駅舎はスイス風のたたずまいを見せている。白い壁、赤

ダム湖の水量によって放水の仕方が違う長島ダム

メルヘンの世界のような駅舎

い三角屋根、尖塔のような時計台、木をふんだんに使った広い待ち合い室など、まさにアルプス的な雰囲気に包まれている。また駅前に目を転じると県道を挟んで広く整備された駐車場があり、トイレや観光掲示板などの周辺設備も真新しい。ところがその華やいだムードとは裏腹に、ここは無人駅なのだ。近い将来、観光バスが乗り入れる計画があり、そうなれば乗降客が増えて有人化すると思うが、今のところは静かな無人駅。しかし考えてみると、長島ダム周辺はこの20年で大きく様変わりし、さらにこれからの数年で劇的な変化を遂げる可能性がある。ホームに立つと眼下に旧線のトンネル跡が見えるが、それはタイムトンネルの出口だったのかもしれない。

さて長島ダムを見てみよう。長島ダムは27年の歳月をかけて平成14年の3月に完成した多目的ダムで、大井川の流量を調節しながら洪水を防ぎ、流域の飲料水や農業用水を確保、供給している。堤高１０９メートル、堤頂長３０８メートル、堤体積８６１０００立方メートル、非越流部の標高４８２メートルというスケールの大きさをもつが、いわゆる水力発電所ではない。ただしダム自体に必要な電力は自力でまかなわれている。また「地域に開かれたダム」という側面もあり、周辺には公園、キャンプ場、展望テラス、資料館などが設けられ、一般の人でも立ち入れるエリアは多い。ちなみに駅前の展望デッキからダムの上にある展望テラスまでは徒歩で約5分。そこから資料館まではさらに徒歩で約10分だ。展望テラスはダムの上流側、下流側の両方にあるが、下流側のテラスから見る景観は思わずお尻がこそばゆくなるような感じで、高所恐怖症の人は遠慮した方がいいかもしれない。

●アプト区間の撮影スポット

駅前を走る県道388号線を千頭方面に下って行くと、やがて道は左に大きくカーブして大井川に架かる市代橋の上に出る。ここはアプト区間を上るミニ列車を撮影するには絶好のロケーションだ。構図的に急勾配をより強調したければ橋を渡りきって少し坂を上った方がいいかもしれないが、そのあたりのサジ加減は撮る人の好みだろう。

せっかく市代橋まで来たので全体の位置関係を整理しておこう。まず橋を渡りきった所から左に枝分かれする道を下って行くと旧線路があったトンネル近くに出る。また橋を渡り、そのまま県道を上ると右に降りていく林道が現れる。林道の入り口には関係者以外立入禁止の立て札があるが、アプトいちしろの駅はここを降りていかないとたどり着けない。蛇足ながらこの林道の途中にもアプト区間を間近に撮影できるスポットがある。林道の入り口をやり過ごし、さらに県道を上って行くとダム資料館がある広いエリアに出る。そして資料館からダムの上を渡り、ぐるっと回ると再び長島ダムの駅前だ。このルートは特にハイキングコースに指定されているわけではないが、アプト区間を客観的に見たい人にはおすすめだ。

機関車の切り離し作業を見守る車掌

ひらんだ

奥大井湖上 ◀ ▶ 長島ダム

1.3km 150円　　1.2km 150円

静岡国体のカヌー競技会場前

●平行移動する列車

長島ダム―ひらんだ間の距離は1.2キロ。これは井川線の中で千頭―川根両国間の1.1キロに次いで2番目に短い距離だ。また長島ダムとひらんだの海抜はともに485メートル。つまり列車はこの区間をまったく高度を変えずに平行移動したことになる。

本来ひらんだは「平田」と書く。しかしそうするとほとんどの人が「ヒラタ」と呼んでしまうため、あえて大鉄では駅名を平仮名で表記している。では五和や大和田はどうだ？　という声もあるが、アプトいちしろをアプト市代としなかったところを見ると、つけ替え新線では積極的に平仮名を使おうとしたのかもしれない。その平仮名表記の理由と関係があるのかないのか分からないが、ひらんだは平成15年に行われる静岡国体のカヌー競技会場になっている。駅前に広がる接岨湖（せっそこ）がそれで、湖上には競技に使用するマーカーがいくつも並び、湖畔には選手や大会役員が使う施設がすでに建設されている。またその脇にはカヌーを並べるスペースも整備され、準備は着々と進んでいるようだ。

さて順序が逆になってしまったが、ひらんだの駅を見てみよう。ここも無人駅の1つで、例によって駅舎と呼べるものはない。ホームにあるのは駅名を示す看板と雨風をしのぐ囲いだけ。あえて記すなら猿の糞が点々と転がっている。つまりそれ

だけ普段は人の気配がないということで、この駅も観光客が乗り降りすることは少ないだろう。しかしホームからの眺めは素晴らしく、また駅から上方の県道388号線に出ると、地場産品の売店もある。さらに言えばトイレも立派だ。だから下車してみよう！　とは言い切れないが、なかなかユニークな駅であることは間違いない。その最たる例として挙げたいのは駅前ロータリーだ。実はホームの前に舗装された広場があるのだが、その中心に切り倒された木株があって、見ようによっては駅前ロータリーに見えなくもない。

いずれにしてもこの静かな駅が国体の時にどうなるのか、ちょっと見てみたい気がする。

駅から見える接岨湖

井川線のクライマックス

●東京に引けを取らないレインボーブリッジ

さて感動の用意を。ミニ列車はいよいよ井川線最大のクライマックス、レインボーブリッジにさしかかる。レインボーブリッジといえば東京お台場の巨大海上橋が有名で、それを知る人は「へへん」と鼻で笑うかもしれないが、舐めてもらっては困る。実は井川線のレインボーブリッジが完成したのは東京より3年早く、しかも美しさ、壮観さについても全く引けを取らない。河床からの高さ72メートル、全長481メートルという数字もさることながら、中央に奥大井湖上駅を構え、左右に大きく羽を広げたような優美な姿は静岡県人なら、いや日本人なら一度は見ておくべき超A級の景観だ。そしてその秘境に架かる深紅の湖上橋をミニ列車がコトコトと健気に渡っていく様子は生涯の思い出になり得る

県道から見たレインボーブリッジと駅舎

感動的なシーンと言えよう。語気が乱れてしまったが、とにかくレインボーブリッジの渡橋風景は大鉄全線の中でも屈指の名場面と言っていい。ＳＬ、アプト式鉄道、風情のある無人駅など見どころ満載の大鉄だが「これを見ずして大鉄を語ることなかれ！」と私は言いたい。

●湖上に浮かぶ駅

ひらんだから１.３キロ。途中、レインボーブリッジの前半部分２８６メートルを渡って列車は奥大井湖上駅に到着する。この駅はその名の通り、奥大井の湖上にせり出した半島状の山腹に建っていることが最大の特徴で、湖と渓谷に囲まれたオープンなロケーションは見事の一語に尽きる。また駅の総延長が47メートルしかないのでホームが千頭寄りの鉄橋にはみ出していることも特色の１つだ。駅舎は例によってシンプルな囲いだけだが、この駅に関してはこれで十分だろう。なぜなら妙にデコラティブな建物があるとせっかくの景観が乱れるし、この駅を通勤や通学に利用している人は１２０％いないからだ。ある意味で奥大井湖上は大鉄全線の中で最も質素な駅と言えるが、ロケーションも含めて評価すると最高にダイナミックな駅とも言え、そのコントラストが訪れる者に感銘を与えてくれる。

駅前に広がる見事な景観に浸ってから、ふと振り返るとホームの背後に2階建ての山小屋がある。これは「レイクコテージ奥大井」という展望台と休憩所を兼ねた施設だ。特に売店などの設備はないが、奥大井の大パノラマをほぼ３６０度に渡って眺望でき、2階には双眼鏡も用意されている。大鉄でこの地に来た人は「妙に立派すぎるのでは」と思うかもしれないが、ここは大鉄の乗降客のためというよりハイカーたちの休憩施設なのだ。現にコテージ周辺にはハイキングコースがあり、時折、ザックを担いだ人たちが山の方からひょっこり現れたりする。ちなみにここから接岨峡温泉まで山伝いに歩くと約2時間半、レインボーブリッジを渡って大井川沿いを行くと約60分だ。

●レインボーブリッジを渡る

レインボーブリッジを渡る？　そう訝る人も多いだろう。しかしレインボーブリッジは歩いて渡れるのだ。歩ける場所は幅がせいぜい1メートルで、人がすれ違うのも楽ではないが、もちろん列車が来ても安全だし、転落する心配もない。だから高所恐怖症でなければそれほど恐くないだろう。まして私と同じように塩郷、青部、寸又峡温泉などの吊り橋を踏破してきた人なら、まったく問題ないはずだ。橋の上から見る奥大井の景観はまた格別で「高所に立っている」という心細さが大自然の雄大さを浮き彫りにしてくれる。

レインボーブリッジを歩いて渡るなら景色以外にも見ておきたいものがある。それは井川線の旧線路だ。旧線は列車の車窓からも一応は見えるが、やはり歩いて渡った方がじっくり見られる。「昔の線路は水没したのでは？」と疑問に思う人もいるだろうが、実際は湖が通常水位なら線路は水没していない。だから北側の山の斜面を探せばトンネルの跡などがすぐに見つかるはずだ。古く褐色化した旧線は山肌を伝うようにくねくねと蛇行を繰り返し、新線にあたるレインボーブリッジの直線と好対照を成している。

さて井川側のレインボーブリッジを渡り切ると待っているのは急な上り坂だ。そこをひたすら上り続け、奥大井湖上のホームから見えた対岸の県道388号線に出ると、レインボーブリッジの全景が眼下に現れる。ここから見る橋もまた見事で、あえて言わせてもらえばレインボーブリッジはここから見なければ見たうちに入らない。つまり奥大井湖上で下車し、レインボーブリッジを渡り、さらに対岸の県道に出て、そして山上から眺めて初めてレインボーブリッジの旅は完結する。所要時間は片道約20分。体力的には決して楽ではないが、十分満足できる価値はある。

県道388号線まで出てしまったら、そのまま接岨峡温泉まで歩いていくのも一興だ。途中、沿道にある不動の滝を見ながら峠を下っていくと30分程度で接岨峡温泉に到着する。

接岨峡温泉側から見たレインボーブリッジ

接《せっ》岨《そ》峡《きょう》温《おん》泉《せん》

尾盛 ◀ ▶ 奥大井湖上

2.3km 150円　　1.6km 150円

疲労回復に抜群の効果

●接岨峡温泉は折り返し駅？

　奥大井湖上を出た列車は、レインボーブリッジの後半部分194メートルを渡るとすぐにトンネルに入る。そのトンネルの出口付近が新線と旧線の合流地点で、左側の車窓から千頭方向に振り返ると危険防止のためにコンクリートでふさがれた旧線のトンネル出口が見える。直線が多い新線区間を走り終えた列車は再び山肌を伝うように蛇行を始め、やがて接岨峡温泉に到着する。この区間の距離は1.6キロだ。

　接岨峡温泉は終点井川を除けば、井川線最後の観光エリアと言っていいだろう。そのため乗降客は意外に多く、駅も半有人化されている。駅舎は奥泉以来のしっかりしたもので、ホームの雰囲気もどこか華やいだ感がある。しかしそれはあくまでも「井川線の中で」という条件つきで、一般的に言えばやはり山間の小

列車から一瞬だけ見える旧線路のトンネル

何となく突然的に存在している接岨峡の大吊橋

さな駅という感じだ。

さてこの駅で乗降する観光客には2つのパターンがある。1つは接岨峡温泉そのものを目当てに来る人。もう1つはここで井川線を降りて再び奥泉へ帰っていく人だ。どちらの観光客も温泉に入ることには違いないが、後者の場合はここで井川線の旅を終わらせてしまうところが特徴だ。つまり井川線の観光客の多くが奥泉から接岨峡温泉の間を往復するだけで旅を終わらせてしまうのだ。これは実にもったいないことだと思う。確かにその区間には井川線を代表するスポットが数多く存在するが、接岨峡温泉から先にもまだまだ見どころはある。いや、あえて言うなら井川線の醍醐味である「渓谷を行く旅」の真髄は接岨峡温泉から終点井川の間にある。聞くところによると長島ダムに観光バスが乗り入れるようになると、さらに井川線の分断化傾向（？）に拍車がかかり、奥泉―長島ダム、または長島ダム―接岨峡温泉だけを旅する人が増えるらしい。

県民俗無形文化財の梅津神楽の舞（再現）

●駅前銭湯のような森林温泉

接岨峡温泉の駅前に長嶋すづさんという女性が経営する森林露天風呂がある。ここの泉質は美肌と疲労回復に効果があることで有名で、東京や名古屋など、遠方から来る観光客も少なくない。１日の入浴料は大人７００円。銭湯感覚で気軽に日帰り温泉を楽しめるが、基本的に民宿なので宿泊施設も整っている。

実はここへたどり着くまでに私は山道を優に2時間以上も歩き続けていた。しかも当日は30度を超える猛暑で、全身は汗と疲労いっぱい。ところが実際に温泉に入ってみると、たまっていた疲れが嘘のように取れてしまい、しかも真夏なのに湯上がりは爽快そのもの。長嶋さんによると夏はサッパリ、冬はポカポカだとか。というわけで森林温泉恐るべしだが、その噂は口コミでどんどん広まっているらしい。

接岨峡温泉の駅は半有人化されていると書いたが、駅で出札係をしているのは長嶋さんだ。厳密に言うと旦那さんが温泉の仕事と出札係を兼ねている。もちろん列車が到着する時はいつでも長嶋さんが駅にいて、観光客相手に切符の販売や観光案内などをしてくれる。

●1億円の金塊を持ち上げる

駅前の道を県道３８８号線の方へ歩いていくと数分で県道に突き当たる。その真正面にあるのが「本川根町資料館やまびこ」だ。ここは本川根町の歴史、文化、自然環境などをテーマにしたミュージアムで、館内は奥大井の四季、山峡に生きる、大井川と林業、奥大井の動植物などのコーナーに分かれている。ミュージアム（博物館）と書くと拒絶反応を示す人もいるかもしれないが、この本で大鉄を旅している人なら見ておいて損はない。なぜなら本川根町の歴史はそのまま大鉄の歴史でもあるからだ。たとえば館内の随所に展示してある民芸古道具は長島ダムによって水没した30軒の民家から集めた

森林温泉の露天風呂

ものだが、それは水没前の林業と大鉄の関係性を浮き彫りにしている。また井川線沿線の記録写真もかなり興味深い。中でも千頭貯木場のにぎわいを収めたスナップ写真は必見だ。もちろん大鉄と絡めなくても楽しめるコーナーは多く、本川根に棲息する昆虫と動植物のコレクションは見ているだけで十分に目の保養になる。

と書いてもまだミュージアムに抵抗感がある人におすすめなのは特別展示室にある1億円の金塊だ。これはかつて本川根町がゴールドラッシュに沸いたことがあるという史実を紹介するために展示されているのだが、せいぜいレンガ2個分くらいの大きさなのに重量が66・5キロもある（換金率は設置当時のもの）。実際に持ち上げてみると信じられないほど重く、大人の男性でもちょっと苦労する。だからこれを盗み出そうとするなら相当の覚悟が必要だ。と言うと「なんて不謹慎な」という声が聞こえてきそうだが、金塊は実はレプリカ。まあ冷静に考えてみれば本物をこんな無造作に展示するわけはないのだが、それでも旅の土産話にはなるので一度は見て、さわって、持ち上げてみよう。

●接岨峡温泉の観光スポット

資料館やまびこを出て県道を千頭方面へ進むとすぐに大きな吊り橋がある。その名も大吊橋。きわめて分かりやすいネーミングだ。しかし吊り橋と呼ぶにはあまりに近代的でエンターテイメント性に欠けるので今回の「吊り橋シリーズ」にはあえて加えない。ちなみに橋の周辺にある広場はカヌーの競技大会などに使われている。

吊り橋から引き返して温泉の中心街へ向かう。やまびこを通り越して

樹齢500年を超える巨大なタブの木

橋のたもと付近にある地場産品の店「天狗石茶屋」

数百メートル先の左手に地場産品の売店「天狗石茶屋」が現れる。ここは平田（ひらんだ）の女性が中心となって運営する特産振興会のショップで、シイタケ、ワラビ、ワサビ、豆類などの農作物をはじめ、味噌、田舎漬、炊き込みごはん、杵つき餅などの加工食品をリーズナブルな価格で販売している。また店内ではそば、おでん、ヤマメの塩焼きなどの軽食を食べることもでき、その味わいには店を切り盛りする女性たちの明るい人柄も含まれているような気がする。

「天狗石茶屋脇」の接岨峡大橋で大井川を渡り、道なりに左方向へ進んで行くと、すぐに町営の温泉施設「接岨峡温泉会館」の前に出る。この魅力はなんと言っても入浴料300円という値段だ。泉質は基本的に駅前の森林温泉と同じだが水温は42.5度と少し高め。効能のキャッチコピーは「若返りの秘泉」で、お湯にちょっとヌメリがあるのが特徴。だから入浴時はスリップによる転倒に注意しよう。ちなみに森林温泉の水温は40.5度だ。

温泉会館から接岨峡大橋方面に戻り、橋を渡らずにそのまま進むと1軒の民宿がある。その建物の裏手に回ると樹齢500年以上の巨大なタブの木が現れる。これは学問の神様、菅原道真をまつる御神木で、根回りは8メートルもある。タブの木がこれほど山奥に自生しているだけでも珍しいが、深く苔蒸した表面と踊っているような姿態は確かに神がかり的だ。駿河徳山にあった鳥居杉もそうだったが、巨木と呼ばれるものには見る者を圧倒する巨大な生命力が宿っている。

尾《お》盛《もり》

閑蔵 ◀ ▶ 接岨峡温泉

2.7km 150円　　2.3km 150円

大鉄線内唯一の陸の孤島

●ホームに線路がない？

接岨峡温泉から2.3キロ。列車はくねくねと蛇行を繰り返しながら高度を上げ、尾盛に到着する。尾盛は大鉄全線32駅中で唯一鉄道以外の交通手段ではたどり着けない駅だ。もちろ山中を冒険さながらに分け入って行けば、行って行けないことはないと思うが、現実的にはまず無理だろう。もちろん近くに民家は一軒もなく、文字どおり陸の孤島だ。

ではなぜここに駅があるのか。それはかつてはこの近くに木材の切り出し場があったからだ。しかし今では駅の千頭寄りに当時の作業小屋が廃墟同然に残っているだけで、その面影はほとんどない。数年前までは山菜やシイタケを採る人がごく稀にこの駅を利用したらしいが、それも現在ではほとんど見かけなくなったという。

ただ、昭和32年の静岡国体（第12回大会）ではこの駅が山岳競争のスタート地点になっていて、やはり昭和30年前後の井川線には産業や文化の気配が色濃く残っていたのだ。ちなみに平成15年の静岡国体は第58回大会にあたり、井川線沿線ではひらんだ駅前の接岨湖がカヌー競技会場になっている。接岨湖は長島ダムの完成で出現した人工湖だが、国体が全国を一巡する間に、大井川流域の地形や事情は大きく様変わりしたことになる。

日頃は列車の発着時以外、全く人の気配がない尾盛だが、実際に駅に

陸の孤島の駅舎。見た通り列車はホームに停まらない

降り立ってみると思ったより寂りょう感はない。それどころか太陽の光が燦々と降り注ぐ明るい雰囲気があり、プレハブの駅舎も新しい感じだ。

しかし構内をよく観察してみるとホームに線路がない！　では列車はどこを走ってきたのか？　実は列車が行き来するのは本来すれ違い用に設けられた線路で、停車時もただそこに停まるだけなのだ。つまりホーム脇にあったはずの線路が撤去されているので、乗客は一旦ホームから軌道内に降り、それから列車へ乗り込まなければならない。なんとも奇怪な状況になっているが、それだけ尾盛の駅を利用する人は少ないのだろう。

尾盛の住人タヌキ像。鹿や猿も出没

●再びタヌキ登場

　陸の孤島、尾盛。しかしそこに孤独感はない。なぜだろう？　最大の理由はホームの千頭寄りに並んでいる2体のタヌキ像だ。これは神尾駅のタヌキ像と同じように旅人の気持ちを和ませる目的で置かれている。タヌキは車窓からも見られるが、その神通力とも言える「和み効果」は駅に降り立つことで倍増する。つまり列車が走り去った後、ポツンと一人取り残された旅人にとって、なんとも心強い存在なのだ。こう書くと大袈裟に思う人もいるだろうが、この感覚は実際に体験してみなければ分からない。明るい雰囲気とはいえ、あたりはまったくの山岳無人地帯。どこへ行こうにも道がない閉塞感。そして次の列車が来るまでこの地を離れられないという事実。こういう状況の中で見るタヌキ像は車窓から見るそれとは全く違うものだ。

　尾盛に取り残された私はホームに腰を下ろして文庫本を広げた。すると突然背後で草木がガサガサと音を立てた。驚いて振り返ると目の前に牡鹿が角を突き立てて屹立している。私と牡鹿の視線が交錯し、一瞬時間が凍りつく。ややあって我に返り、慌ててカメラを構える。しかし牡鹿はすでに草むらの向こうに消えていた。

　せっかくのシャッターチャンスを生かせなかったことを悔やみつつ再び読書に没頭する。しばらくすると今度は頭上からギャーという叫ぶような声が聞こえる。視線を文庫本から木の上に上げると数匹のニホンザルが私を見据えていた。明らかにこちらを威嚇している様子だ。変に刺激するのは危険と思い、かぶっていた帽子を取ってサルに向かってほほ笑みかけた。するとサルはこちらに敵意がないと感じ取ったのか、木を伝って森の中へ去っていった。それを見届けた後で私は2体のタヌキ像に感謝した。

ちょいと立ち寄りコラム

〈井川線に無銭乗車する珍客〉

井川線に冷房車はない。だから夏は窓を全開にして走る。するとそこから珍客登場。蜂だ！　でも慌てて手で振り払おうとしたり、帽子などで捕獲しようとするのは禁物。唯一の対処法は平静を保つことで、そうしていれば蜂はやがて外へ飛び出して行く。ごく稀にクワガタが飛んで来ることもあるらしいが、とにかく慌てず騒がずが一番。ちなみに真夏でも井川線の車内はかなり涼しい。特に接岨峡温泉から井川の区間では沢やトンネルを通過するたびに自然の冷気が窓から入って来る。車内に進入してくるならこっちの方が断然いい。

〈中村さんが発行する乗車券〉

無人駅を利用する人が極端に少ない井川線では千頭線のように乗車整理券を発行するシステムがない。では切符はどうするのか？　手順はこうだ。車掌が乗務する最後尾の車両に乗る→車掌に行き先を告げる→お金を支払う→車掌が切符を発行してくれる→というわけ。この車内販売の切符、実は鉄道マニアの間では珍品扱いで、特に名物車掌の中村さんが発行したものは人気が高いとか。しかし実際に切符を入手するには一旦どこかの無人駅で下車する必要があり、さらに中村さんのものは運も作用する。でも私は持っている！

〈40年前と景色が違う接岨峡〉

日本を代表する渓谷の1つ黒部渓谷。それに対して井川線の接岨峡は知名度的にはやや地味だ。でも実際の景観はまったく負けていない。事実、両方を旅した人の中には「接岨峡の方が良かった」と言う人も多い。ところが最近、接岨峡も変わりつつある。その理由は沿線に育つ木々だ。つまり井川線の開通当時に伐採した木がこの40年で再び大きく育ち、それが車窓からの景色をさえぎり、さらには渓谷全体の見え方まで変えてしまっているのだ。しかし自然が相手では分が悪い。観光開発をとるか、自然保護をとるか、難しい選択だ。

閑《かん》蔵《ぞう》

井川 ◀ ▶ 尾盛

5.0km 250円　2.7km 150円

接岨峡のクライマックス

●高さ100メートルの関の沢鉄橋

接岨峡、接岨峡と再三にわたって書いてきたが、地理的には接岨峡温泉―井川間に続く約12キロの渓谷を「接岨峡」と呼ぶ。現在は本川根町と静岡市の境に位置するが、かつては駿河と遠江の国境だった。その接岨峡のハイライトが尾盛と閑蔵の間にある「関の沢鉄橋」だ。この橋は大井川の支流、関ノ沢川に架かる鉄道橋で高さは約100メートルもある。これは全国でもトップ10に入る高さで、にび色をしたアーチ状の鋼がV字型の深い谷に突き刺さるようにして建っている。

尾盛を出発した列車は数分で「関の沢鉄橋」にさしかかる。鉄橋はアーチの径間が114メートルと決して長くないが、橋の上でわざわざ列車を停めてくれるので渓谷を眺める時間はたっぷりある。深く木々で覆われた谷は一見高さを感じないが、鉄橋の隙間から谷底をのぞくと、やはりとてつもなく高い。その様子はまさに奈落の底だ。しかし濃密な自然に囲まれたダイナミックな景観はまさに絶景と呼ぶにふさわしく、10月下旬から11月末にかけての紅葉シーズンは大鉄の魅力を独占するような堂々たるシーンを見せつけ、多くの観光客を魅了してやまない。

鉄橋を渡り切ると列車は静岡市に入る。4つの町（金谷町、川根町、中川根町、本川根町）と1つの市（静岡市）にまたがる大鉄の旅もゴールが近い。しかし県庁所在地の静岡市に突入したからといって、いきなりあたりの風景が町っぽくなるわけではなく、それどころか渓谷はますます深みを増す。そして鉄橋とトンネルが頻繁に現れるようになり、

関の沢鉄橋

登山鉄道はいよいよ接岨峡の佳境に入っていく。

尾盛から2・7キロ。列車は閑蔵に到着する。深い渓谷を抜けて来た後なので秘境的な駅を想像していたが実際はそうでもない。駅舎は例によって風雨をしのぐ囲いだけだが、すぐ近くに民家や生活道路があって人の気配もある。またホームの脇にはタヌキ像があり、構内はほのぼのとした空気に包まれている。陸の孤島、尾盛の直後だけに全体的にホッとしてしまう雰囲気だ。

●関の沢鉄橋を歩いて見にいく

閑蔵の駅から県道３８８号線に出て、千頭方面に戻っていくと１キロ程度で「新接岨峡大橋」に出る。この橋も「関の沢鉄橋」と同じように本川根町と静岡市をまたいでいるが、こちらは大井川に架かる県道の橋だ。高さ70メートル、アーチの径間１４０メートルというスケールをもち、下から橋を仰ぎ見るとまるで怪物のように巨大だ。また橋の上からの景観も素晴らしく、あたかも空を飛んでいるような眺望が楽しめる。ただしダイナミックな渓谷美という点においては若干物足りないのは否めず、その意味で「新接岨峡大橋」は「関の沢鉄橋」とセットで見ることをおすすめしたい。

というわけで「関の沢鉄橋」も遠くから眺めてみよう。アクセスとなるのは県道３８８号線の「新接岨峡大橋」の手前にある、右へ下ってい

く林道だ。この道は大井川と接岨峡を伝うように走り、最終的に接岨峡温泉で県道388号線と合流する。「新接岨峡大橋」が完成する前はこの道が閑蔵と接岨峡温泉を結ぶ主要ルートだったが、現在は一般車両の乗り入れは禁止されている。したがって「関の沢鉄橋」を見るためには基本的に徒歩で向かうしかない。しかし接岨峡の渓谷美をじっくり味わうには絶好のハイキングコースなので行く価値は十分にある。

　つらつらと続く林道を歩くこと約1時間。ようやく「関の沢鉄橋」のビューポイントに到着する。が！　鉄橋はかなり遠い。おそらくレンズつきフィルムで橋を撮影しても写るのは山並みだけだ。だから鉄橋をしっかり撮影したい人は高倍率のレンズを持参した方がいいだろう（最低でも300ミリはほしいところ）。ただし人間の目というのは恐ろしく高性能なので、撮影が目的でなければ肉眼でも鉄橋の様子はしっかり確認できる。もちろん双眼鏡を持っていればさらにいい。

本川根町と静岡市をまたぐ新接岨峡大橋

　時間があれば、そのまま林道を進んで再び接岨峡温泉に戻るのも一興だ。そうすると結果的に2時間以上も山道を歩き続けることになるが、接岨峡温泉にたどり着けさえすれば疲労回復の湯が待っている。そして心地いい倦怠感に包まれた体にビールを注ぎ込んだらさぞかしうまいだろう。そう思って足は接岨峡温泉に向きかけたが、鋼のように強い職業意識が邪魔をして、やむなく来た道を閑蔵へ引き返す。

●名物車掌の中村雄一さん

紹介が遅れてしまったが、井川線ではすべての車掌が観光ガイド役も務めている（千頭線でもＳＬに乗ると観光案内がつくが、一般の電車では行われていない）。そしてその第一人者が両国乗務区に所属する中村雄一さんだ。中村さんは昭和34年、つまり井川線が大鉄に移管された年に入社し、昭和37年から車掌として活躍している。既に40年のキャリアをもち、井川線のすべてを知り尽くした中村さんのガイドはまさに軽妙という表現がピッタリで、分かりやすく、しかも味わい深い。またガイドのタイミングとコツを熟知しているので、どの車両に乗っていても重要なスポットを見逃すことはない。その素朴な語り口はバスガイドのように流暢なものではなく、声も決して美声ではないのだが、なんとも心に残る情緒がある。こういうガイドは真似してできるものではない。おそらく豊かな人間性がなければ成立しないだろう。時折混じるユーモアもウィットに富んでいて、風刺ネタも痛快だ。それゆえに中村さんのファンは多く、その輪は日本全国に広がっていると言っても過言ではない。ちなみに井川線の車掌は約10名。彼らが行う観光案内は中村さんのガイドがベースになっている。

名調子で旅を楽しませてくれる中村さん

大鉄沿線には心に響く心地いい音色が数多くある。その最たる例はＳＬの汽笛やドラフト音だが、それ以外にも記録しておきたいサウンドは少なくない。せせらぎ、鳥のさえずり、地元の人が語る方言、音戯の郷、アプト区間の走行音などなど。中でも千頭線のＳＬおじさん（おばさんもいる）と井川線の観光ガイドは深く記憶に残るサウンドスケープ（音風景）だ。

井《い》川《かわ》

▶閑蔵

5.0km
250円

65キロを走破！感動の終着駅

●トンネルを抜けるとそこは…

名物車掌、中村さんの「はい、発車しますよぉ」というアナウンスと同時に列車のドアがスルスルッと閉まる。いよいよ大鉄の旅も最終区間を迎えた。閑蔵の駅を出発した列車はすぐにトンネルに入り、それを抜けると再び深い渓谷が始まる。ディーゼル機関車DD20型が牽引する赤い登山鉄道はカタカタという乾いた音を繰り返しながら幾つもの小さな沢を横切り、時折ガタンと激しい横揺れを伴って急カーブを描く。その間にも中村さんの軽妙なガイドは続き、乗客はそれに呼応して右へ、左へ視線を移動させる。

中村さんによると井川線最高のクライマックスは閑蔵―井川間にあ

井川駅の構内には登山客もちらほら

り、大井川の激しい流れが創り出した、まさに人知を超えた美しさを見ずして井川線を語ることはできないという。だからガイドにも思わず熱が入る。そう、井川線のクライマックスは中村さんの語りのクライマックスでもあるのだ。

　列車は奥泉ダム、12の山並みが連なる渓谷、中村さんが命名した大井川のVライン蛇行などを右手に見ながらぐんぐんと標高を上げていく。やがて右前方にコンクリートの巨大な塊、井川ダムが見えてくる。ついに終点がすぐそこに近づいてきた。金谷からスタートしたこの旅も千頭線の39.5キロ、井川線の25.5キロ、合計65キロを走破していよいよ井川に到着する。思わず感慨に浸っていると中村さんのアナウンスが車内に流れた。「これから最後のトンネルに入ります。井川線で61番目のトンネルです。これを抜けるとすぐに井川駅に到着します。」ややあって列車は最後のトンネルに突入する。

　トンネルを抜けると同時に井川駅が視界に飛び込んできた。思ったより小さな駅だ。しかしその光景は想像をはるかに超えていた。65キロのローカル鉄道の旅がこれほど感動的なゴールになるとは思っていなかった。閑蔵から井川の最終区間は大鉄全線で最長の5キロ、乗車時間は約15分だが、その15分はまさに大鉄の集大成だった。

●南アルプス表登山口

　頭のどこかで華やいだ駅を想像していたが、実際の井川駅はかなり落ち着いた雰囲気だ。すぐそこに山肌が迫っているせいか、明るい印象はあまりなく、ある意味で登山鉄道特有の翳りをもっている。全体の規模もこぢんまりしていて、駅舎もとりたてて大きくない。それでもさすがに終着駅だけあって車両組み替え用の軌道が構内に数本あり、駅員の姿も目立つ。また駅舎内の待ち合い室には観光ポスターがズラリと並び、ホームに立つ民宿の看板も少なくない。その意味においては観光の駅なのだが、やはりどことなくしっとりした風情を放っている。言い換えれば観光地にありがちな猥雑な気配がなく、上品で繊細な印象だ。ちなみに井川駅の海抜は６８６メートル。閑蔵は５７７メートルなので最終区間の５キロで列車は１０９メートルも上ったことになる。

　改札を出ると、駅前にちょっとした広場がある。露天風の売店の向こうにはベンチがあり、「ここからどこへ行くか」という作戦を練るには都合がいい。そのベンチから階段を少し下りると大鉄の乗降客でにぎわう「やまびこ食堂」がある。ここの名物は「清流盛りそば」１２００円で、丸ごと食べられるヤマメの唐揚げはなかなか美味だ。古い食堂の風情を残した店内にはリュックを担いだ登山客も多く、地図を片手にそばをすする姿を見ていると、この地が南アルプス表登山口になっていることを実感できる。

●湖上を行くミニ観光船

　駅前の県道60号線を右方向へ歩いていくと、すぐに井川ダムの正面に出る。井川ダムは昭和32年に完成した国内初の中空重力式ダムで、高さは１０３.６メートル。中空重力式

やまびこ食堂の「清流盛りそば」1200円

と言われるとちょっと難しそうだが、要するに内部が空洞という意味だ。ダムの上を走る道路はそのまま県道60号線になっていて、これをずっと南下していくと約60キロで静岡の市街地に出る。

1日5往復する井川湖渡船

ダムの横にある近代的な建物は中部電力の井川展示館だ。ここには井川ダムの模型があり、中空重力式の構造や水力発電の仕組みなどを詳しく知ることができる。またダム建設の記録映画やダムにまつわる数々の展示物もあり、それらを通じて大鉄井川線の生い立ちも分かるようになっている。

井川展示館の前にある階段を下りていくと、井川湖渡船の船着き場がある。井川湖渡船は井川ダムと井川の中心地、本村をつなぐ無料の渡し船で、地元の人はもちろん、観光客も自由に乗船できる。本村までの所要時間は約20分。鏡のような水面を滑るように進むので揺れはほとんどなく、船が苦手な人でも全然大丈夫。湖上から眺める井川周辺の自然は見ごたえがあり、風がなければ湖面に映る四季折々の山並みも見事だ。

●本村地区を探索する

昭和44年に静岡市の一部となった井川。その面積は実に静岡市の44%を占める。しかし井川は市の繁華街から約60キロも離れているため、何かにつけて不便なことが多い。そこで静岡市では本村に市役所や病院などの施設を集中的に設けている。言い換えれば、本村地区は井川の行政と文教の中心地なのだ。

その本村に市役所の機能を果たす井川支所がある。ここは行政施設な

小高い丘の上に鎮座する井川大仏

ので旅人が立ち寄る機会は少ないと思うが、支所前で行われる朝市は観光客にも人気がある。ゴールデンウィーク、夏休み、紅葉シーズンの朝7時から8時半頃まで市が立ち、お茶、シイタケ、ワサビ、高原野菜、民芸品など、井川の特産品が広場に並ぶ。朝が早くて辛いという人は井川湖対岸の富士見峠展望台へ行けば朝10時から16時頃まで同様の市が立っているが、歩いて向かうにはちょっと遠すぎる。

井川支所の隣りにある近代的で真新しい建物は井川診療所だ。ここは元々、井川の無医（医者が一人もいない）状態を打開するため昭和32年に開設された施設で、長い間、井川の医療活動を一手に引き受けてきた。しかし近年に至るまで幾度となく無医状態に陥り、またその医療設備も不完全だったので、平成11年に静岡市が診療所、高齢者福祉センター、学校給食センターをまとめて建て替えたのだ。その甲斐あって、今では界隈の医療と福祉事情は大きく改善されている。ちなみに施設の正式名称は「静岡市井川地区複合施設」という。

これら以外にも本村地区には郵便局、小学校、中学校などが建ち並ぶが、そうした施設に大鉄を利用してやってくる人は少なくない。中には閑蔵から通学している小学生も7人いる（平成14年度現在）。あれだけの秘境を毎日ミニ列車に乗って通学する気分とは一体どんなものだろう。

●井川大仏を見にいく

本村地区から県道60号線を井川ダ

ム方面に向かうと、すぐに井川大仏の案内表示が出てくる。井川大仏は元井川診療所の歯科医師、佐藤平一郎氏が自らの60年余りの健康に感謝

眼下に本村地区をのぞむ南アルプス「えほんの郷」

し、約4年の歳月をかけて建立したもので、宗派は特定されていない。開眼は昭和55年の11月1日で高さは約11メートル。まったくの屋外に建つので一見大きさを実感できないが、奈良の大仏が約15メートル、鎌倉の大仏が約13メートルということを考えればかなり大きな仏像だ。日光を浴びて光輝く白亜の像はまさに神々しさを湛え、やさしさと威厳に満ちている。ちなみに歯を患う人にご利益があると囁かれているが真偽のほどは定かではない。また仏像はしっかり口を結んでいるので歯は見えない。こう書くと「不謹慎だ！」と言われそうだが、地元の人たちはしきりにそういう話をしていて、つまりはそれだけ地域住民に愛されて

いるのだ。なお大仏を見るには県道脇の入り口から5分ほど階段を上らなければならないが、周辺は公園風に整備されていて、遠くに南アルプ

えほんの郷の館内。手前にあるのが巨大絵本

スの山並みを望むこともできる。

●ファンタジックな時間

大仏から再び本村方向へ歩を進めると、県道左側に「南アルプスえほんの郷」という建物が見えてくる。ここはその名のとおり、世界各国の絵本を集めた図書館で、蔵書は約5000冊を数える。館内はそれほど堅苦しい雰囲気ではなく、気軽にいろんな絵本をパラパラと眺めることができるので絵本好きにはたまらない。特に普段あまり目にする機会がない海外の大型絵本（長さが50センチほどもある）は一見の価値ありだ。

と夢のある話をしておきながら申し訳ないが、ここの喫茶室にある「鹿肉カレーライス」800円はなかなかの評判だったりする。豚肉よりさっぱりした感じで、鹿肉特有の臭みも一切ない。ついでに書くと「自家製ハーブティー」300円も人気が高く、言ってみれば喫茶室と図書室を行ったり来たりしながらくつろぐスタイルがここの楽しみ方だ。建物前の広場から見える本村地区と井川湖の景色も爽やかで、週末や行楽シーズンなどは弁当持参でやって来る家族連れも多いらしい。

●旅の終わりは井川めんぱで

その「えほんの郷」の隣にある民家。時折煙突からもうもうと煙を上げているその場所こそ、全国的に有名な井川めんぱの製作者、海野想次さん宅だ。井川めんぱとは天然のヒノキを短冊状にカットし、それを丸めて桜の皮で縫い合わせ、さらに本漆で塗り上げた弁当箱のこと。その美しさと丈夫さはすでに高い評価を

ヒノキにカンナをかける海野周一さん

得ているが、最大の特徴はごはんの味だ。つまり井川めんぱに入れたごはんにはプラスティックやアルミ製の弁当箱では決して生まれない深い味わいがある。大きさは特大（直径15センチ）、男もの（14センチ）、女もの（13センチ）の3種類があり、価格はそれぞれ4300円、3900円、3700円。必ずしも安いとは言えないが、一生ものと考えれば決して高くない。ちなみに現在、井川めんぱをつくっているのは海野さん一家だけ。だから本物を手に入れるためにはここまで買いに来るしかない。

井川めんぱはすべて手作業でつくられる。しかも漆塗りの部分は気温や湿度に大きく左右されるので1日にできるのは多くても10個程度だ。つまりかなり希少ということになるが、作業風景を眺めていると不思議に心が洗われてくる。ヒノキの香り漂う工房で黙々と手練な手さばきを見せる海野さんの姿には見る者を穏やかな気持ちにしてくれる何かがある。また工房の裏にある母屋では海野さんの奥さんが実物を手にして丁寧に井川めんぱの生い立ちなどを話してくれるが、その素朴な語り口もまるでおとぎ話を聞いているような心地よさだ。「えほんの郷」の隣りだけに「ややできすぎ」だとは思うが、旅の終着地としてはこれでいいのかもしれない。

この旅の最後を飾ってくれた海野想次さん

最後に思いがけずファンタジックな時間を過ごして帰途につく。ともすると感傷的な終わり方になってしまう鉄道の旅も、どうやら気持ちをほんわかとさせたまま終われそうだ。次に大鉄で旅する時は井川めんぱにごはんをいっぱい詰めて出かけてみようと思う。

大鉄おすすめ　Spot Data

金　谷

石畳茶屋	休/月曜 ￥/無料 TEL/0547－45-5715 営/9：00～17：00(10月～3月は10：00～16：00)
お茶の郷	休/第1、3火曜(祝日の場合は翌日) ￥/庭園は無料、 博物館は高校生以上600円　TEL/0547-46-5588 営/9：00～17：00

新金谷

プラザロコ	休/木曜 ￥/無料 TEL/0547-45-0666 営/9：00～17：00（12月～3月は10：00～）
かんとん屋	休/金曜 営/8：00～18：00
支那そばや華宴	休/火曜(隔週で月火) TEL/0547-46-0007 営/11：00～14：00、17：30～20：00(売り切れ閉店)

日　切

金谷日限地蔵尊	TEL/0547-45-3572 営/9：00～16：00（社務所）
寿し宗	休/なし TEL/0547-46-2216 営/11：00～14：00、16：00～22：00(日祝は～21：00)

五　和

遠州志戸呂焼利陶窯	休/不定休 TEL/0547-45-3858 営/9：00～17：00
童子沢親水公園	休/なし ¥/無料 TEL/0547-46-5614(町役場企画商工課)

福　用

大池商店	休/なし 営/6:30～19：30(郵便業務は9：00～16：00)

家　山

桜茶屋	休/火曜 営/9:00～16：00 TEL/0547-53-4505
たいやきや	休/木曜・第3日曜 営/10：00～16：00 TEL/0547-53-2275
菓子道	休/月曜 営/9：00～18：00 TEL/0547-53-2176
やませき	休/なし 営/10：00～18：00 TEL/0547-53-4545
茶房　遊	休/なし 営/10:00～18：00 TEL/0547-53-4488
ひと花館	休/火～木曜 営/11：00～16：00 TEL/0547-53-2844

抜　里

朝日段公園	TEL/0547-53-4587(中川根町産業課)

笹間渡

川根温泉ふれあいの泉	休/第1火曜(祝日の場合は翌日) ¥/浴場500円、共通券1000円 営/9:00～19：00 TEL/0547-53-4330

塩　郷

くのわき親水公園キャンプ場　TEL/0547-56-1002(西原宅)

中川根自然村キャンプ場　TEL/0547-56-0231(中川根商工会)

下　泉

不動の滝自然広場オートキャンプ場　TEL/0547-56-1567

四季の里　休/年末年始 営/9:00～16：30 TEL/0547-56-0542

田野口

三ツ星オートキャンプ場　TEL/0547-56-2020(加藤宅)

ウッドハウスおろくぼ　TEL/0547-56-1100

駿河徳山

徳山浅間神社(盆おどり)　TEL/0547-56-2230(中川根町教育委員会)

フォーレなかかわね茶茗館　休/水曜(祝日の場合翌日) ¥/無料
営/9:30～16：30 TEL/0547-56-2100

千　頭

大井川鉄道(株)鉄道サービスセンター　TEL/0547-45-4112

音戯の郷　休/火曜 ¥/大人1000円・小中400円
営/9:00～16：30 TEL/0547-58-2021

ＳＬ資料館　休/無休 ¥/小学生以上100円 営/9:00～16：00
TEL/0547-59-2065

丹味　休/不定休 営/11:30～13：30（売り切れ閉店）
TEL/0547-59-3929

智者の丘公園　TEL/0547-59-2746(本川根観光協会)

土　本

池ノ谷キャンプ場　TEL/0547-59-2746(本川根観光協会)

川根小山

もりのいずみ　休/水曜 ¥/大人1000円　小人500円
営/10:00～21：00(冬期は～19:00)
TEL/0547-59-3733

もりのコテージ　TEL/0547-59-3800

八木キャンプ場　TEL/0547-59-2746(本川根観光協会)

奥　泉

夢の吊り橋(寸又峡温泉)　TEL/0547-59-2746(本川根町観光協会)

接岨峡温泉

森林温泉　¥/入浴のみ700円　入浴休憩1500円
TEL/0547-59-3721

本川根資料館やまびこ　休/火曜 ¥/大人200円・小人100円
営/9：00〜16：30 TEL/0547-59-4031

接岨峡温泉会館　休/第1・3木曜 ¥/入浴料300円・入浴休憩1000円
営/10:00〜20：00 TEL/0547-59-3764

井　川

井川ダム展示館　TEL/054-260-2307

井川支所　TEL/054-260-2211(代)

井川診療所　休/土・日・祝・水曜午後 営/8:30〜17：00
TEL/054-260-2300

南アルプスえほんの郷　休/火曜(祝日の場合は翌日)¥/300円
営/9:00〜16：00　TEL/054-260-2377

井川めんぱ（海野想次）　休/不定休 営/8：00〜17：30
TEL/054-260-2430

－Epilogue－
～各駅停車の旅を終えて～

私は旅が好きだ。仕事でもプライベートでも、近くても遠くても構わない。でも条件を付けるとしたらプロセスのある旅が好きだ。そして移動手段は遅ければ遅いほどいい。なぜならその方が発見が多いから…。今回、大鉄を各駅停車で回ったが、これはある意味で理想に近いものだった。ローカル線の各駅を１駅ずつ下車しながら、一人自由気ままに歩き回る。ちょっとした好奇心だけを頼りにしながら、偶然というドラマに身を委ねる。このスタイルこそ私がこれまで求め続けてきたものかもしれない。

しかし誤算もあった。１つの路線を起点から終点までくまなく訪ね回り、周辺をあまねく探索するということがこれほど面白く、また感動に値するとは思っていなかったのだ。それは目的地があるようでない、でも終着地は確固として存在するという不思議な旅の感覚だった。言葉にすれば特に珍しくもないが「ローカル鉄道を完璧に踏破する」という旅の醍醐味はやはり実際にやってみないと本当のところは分からない。

本編でも書いたが列車が井川に到着した時、私は真の感動を覚えた。その瞬間、頭の中に金谷から井川に至るまでのプロセスがよみがえり、それぞれの駅がとてもいとおしく思えた。そして次の瞬間、大井川鉄道は私の中で唯一無比の存在になった。この感動を一人でも多くの読者に味わってもらえたらとても嬉しい。

ではまたいつかどこかで…。

佐野　正佳（さの　まさよし）
　1960年静岡市生まれ。演奏家、音楽誌のエディターを経てフリーライターへ。グルメ、旅モノ、情報誌等の取材、執筆を手がける。「静岡ぐるぐるマップ」スタッフ。

来てＧＯ　大鉄　～大井川鉄道各駅停車ぶらり旅～

2002年10月24日初版発行
発行者／松井　純
発行所／静岡新聞社
〒422-8033静岡市登呂３－１－１
TEL／054-284-1666
印刷・製本／大日本印刷（株）

ISBN4-7838-1798-7 C0026